100位

为新中国成立作出突出贡献的英雄模范人物

吴运铎

王　晶／编著

★

吉林文史出版社

图书在版编目（CIP）数据

吴运铎 / 王晶编著. -- 长春 : 吉林文史出版社,
2011.4（2022.4重印）
（100位为新中国成立作出突出贡献的英雄模范人物）
ISBN 978-7-5472-0532-7

Ⅰ．①吴… Ⅱ．①王… Ⅲ．①吴运铎（1917～1991）—
生平事迹 Ⅳ．①K828.6

中国版本图书馆CIP数据核字(2011)第050696号

吴运铎

WUYUNDUO

编著/ 王晶

选题策划/ 王尔立　责任编辑/ 王尔立
装帧设计/ 韩璘
出版发行/ 吉林文史出版社
地址/ 长春市福祉大路5788号　邮编/ 130118
电话/ 0431-81629363　传真/ 0431-86037589
印刷/ 天津海德伟业印务有限公司
版次/ 2011年4月第1版 2022年4月第6次印刷
开本/ 640mm×920mm　1/16
印张/ 9 字数/ 100千
书号/ ISBN 978-7-5472-0532-7
定价/ 29.80元

《100位为新中国成立作出突出贡献的英雄模范人物》丛书

★★★★★

编　委　会

100位

为新中国成立作出突出贡献的英雄模范人物/

八女投江	于化虎	小叶丹	马本斋	马立训	方志敏
毛泽民	毛泽覃	王尔琢	王尽美	王克勤	王若飞
邓 萍	邓中夏	邓恩铭	韦拔群	冯 平	卢德铭
叶 挺	叶成焕	左 权	诺尔曼·白求恩		任常伦
关向应	刘老庄连	刘伯坚	刘志丹	刘胡兰	吉鸿昌
向警予	寻淮洲	戎冠秀	朱 瑞	江上青	江竹筠
许继慎	阮啸仙	何叔衡	佟麟阁	吴运铎	吴焕先
张太雷	张自忠	张学良	张思德	旷继勋	李 白
李 林	李大钊	李公朴	李兆麟	李硕勋	杨 殷
杨子荣	杨开慧	杨虎城	杨靖宇	杨闇公	萧楚女
苏兆征	邹韬奋	陈延年	陈树湘	陈嘉庚	陈潭秋
冼星海	周文雍、陈铁军夫妇		周逸群	明德英	林祥谦
罗亦农	罗忠毅	罗炳辉	郑律成	恽代英	段德昌
贺 英	赵一曼	赵世炎	赵尚志	赵博生	赵登禹
闻一多	埃德加·斯诺		夏明翰	格里戈里·库里申科	
狼牙山五壮士		聂 耳	郭俊卿	钱壮飞	黄公略
彭 湃	彭雪枫	董存瑞	董振堂	谢子长	鲁 迅
蔡和森	戴安澜	瞿秋白			

前　言

　　每个人的心中都多少有一点英雄情结，都向往英雄、景仰英雄。也正因此，在中华人民共和国建国六十周年之际，由中央十一部委联合组织开展的"100位为新中国成立作出突出贡献的英雄模范人物和100位新中国成立以来感动中国人物"的评选活动中，群众参与投票总数近一亿。这其中的每一张选票，都表达了人们对英雄模范的崇敬之情，寄托着对伟大祖国的美好祝福。

　　一个民族不能没有英雄，否则这个民族就不会强大。当国家危难之时，懦弱者选择了逃避、妥协甚至投降，英雄们却挺身而出，用热血捍卫民族的尊严，人民的幸福。在创立和建设新中国的伟大历程中，涌现出无数可歌可泣的英雄模范人物。他们之中，有为了民族独立和人民解放而英勇牺牲的革命先烈，有为了党和人民的事业而不懈奋斗的优秀共产党员，有在全民族抗战中顽强奋战、为国捐躯的爱国将士，有英勇杀敌的战斗英雄和革命群众，有积极从事进步活动的著名民主爱国人士和国际友人……他们是民族的脊梁、祖国的骄傲，是激励全体人民团结奋斗的精神力量。

　　《100位为新中国成立作出突出贡献的英雄模范人物传记》丛书，就像一部星光璀璨的英雄谱，真实、完整地记录了英雄模范人物不平凡的一生，再现了他们非凡的人格魅力和精神世界。"头颅可断腹可剖"的铁血将军杨靖宇，"毫不利己，专门利人"的白求恩，"抗战军人之魂"张自忠，"砍头不要紧"的夏明翰，"俯首甘为孺子牛"的文化斗士鲁迅……一串串闪光的名字，一个个动人的故事，犹如群星闪烁，光耀中华。

　　如今，战火已熄，硝烟已散，英雄已逝，我们沐浴在和平的幸福之中。在和平年代，人们不会忘记为今日的和平浴血奋战的英雄们，英雄的故事永远不会结束。让我们用英雄的故事唤醒我们心中的激情，为中华民族的伟大复兴而奋斗。

生平简介

吴运铎（1917-1991），男，汉族，湖北省武汉市人，中共党员。

吴运铎早年曾在安源煤矿当矿工。全国抗战爆发后，不远千里，奔向皖南云岭，1938年参加新四军，1939年加入中国共产党。历任新四军司令部修械所车间主任，淮南根据地子弹厂厂长、军工部副部长，华中军工处炮弹厂厂长等职。他心系兵工，为人民兵工事业无私奉献。在淮南根据地时因陋就简，带领职工自制土设备，扩大了枪弹生产。还主持设计研制成功枪榴筒，参与设计制造37毫米平射炮以及定时、踏火等各种地雷，为提高部队火力作出了贡献。在生产与研制武器弹药中多次负伤，失去了左眼，左手、右腿致残，经过二十余次手术，身上还留有几十处弹片没有取出，仍以顽强毅力战胜伤残，坚持战斗在生产第一线。他说："只要我活着一天，我一定为党为人民工作一天。"1951年10月，中央人民政府政务院和全国总工会授予他特邀全国劳动模范称号。他被誉为中国的"保尔·柯察金"。他出版的自传体小说《把一切献给党》不仅在我国多次再版，影响了几代人，而且被译成七种文字，在国外广为流传。离休之后，他应邀担任京、津、沪几所工读学校的名誉校长、许多中小学的校外辅导员和一些刊物、群众团体的顾问。1991年5月2日在北京逝世。

1917-1991
[WUYUNDUO]

◀吴运铎

目 录 MULU

■ "中国的保尔"吴运铎（代序） / 001

■ 苦难的童年（1917-1938） / 001

"小三子"的故事 / 002
童年的吴运铎爱好广泛。因生活所迫，他当过"挑脚"，捡过炭渣。对于艰难的生活，世态的炎凉，他找不到答案。 **0-12岁**

13-20岁 **发愤图强** / 009
吴运铎学徒三年未满，竟当上了"小师傅"，成为真正的机电工人。

最初的觉醒 / 013
吴运铎与《新华日报》结识，领导富源煤矿工人罢工取得了胜利。 **20-21岁**

■ 走上革命路（1938-1941） / 019

参加新四军 / 020
吴运铎参加了新四军，成为一名军工战士，他因地、因时制宜，艰苦奋斗，和战友们一起建起了能够制造步枪的兵工厂，并光荣地加入了中国共产党。 **21-22岁**

皖南事变前后 / 028
23-24岁 皖南事变前，吴运铎左脚踝骨受伤；皖南事变后，他忍着伤痛，化装成乞丐，在地下党和老乡的掩护下，终于安全地转移到新四军军部。

■在淮南二师的日子（1941–1942） / 035

设计子弹厂的设备 / 036
吴运铎接受的新任务是要建立一个年产60万发子弹的兵工厂。他第一次负重伤，失去了左眼和左手，经过一年多的努力，子弹厂终于建成。

24岁

24岁

研制迫击炮弹 / 044
吴运铎虽然没造过炮弹，但上级的指示，就是要绝对服从和坚决执行命令。

研雷救人 / 046
"没有的就把它建立起来，不会的就把它学会。"这是吴运铎面对从未见过的地雷，也不知其原理构造时首先想到的。

25岁

25岁

补锅匠的启示 / 049
吴运铎学会了补锅师傅的手艺，按新方法顺利生产引信，使炮弹和地雷成批生产，有力地支援了前方。

■迎接抗战的胜利（1943–1945） / 051

枪榴弹的诞生 / 052
吴运铎终于研制成功了枪榴弹，被评为功臣。

26–27岁

27岁

冒死拆掉炸弹引信 / 056
吴运铎心想，炸或不炸，也许就在这瞬间，可能轰隆一声巨响，把我炸得粉身碎骨……

土法研制平射炮 / 059
36门平射炮一起对准敌人的全部碉堡，一连发射了200发炮弹，眼看着那高大的碉堡一个个坍塌了……

27–28岁

■"三国造"精神熠熠生辉（1946–1947） / 063

两段佳话 / 064
吴运铎演戏感动了青年农民跟着新四军干革命；吴运铎唱起了"流亡三部曲"，使青年战士提高了阶级觉悟。

29岁

30岁　　　**战略转移中** / 067
吴运铎带领兵工厂的同志们在转移中坚持生产,支援
前方。

■迎接新的曙光（1947-1949） / 071

舍生忘死 / 072
吴运铎和吴屏周一起搞炮弹爆炸试验,吴屏周当场牺
牲,吴运铎再次受重伤。　　　　　**30岁**

30岁　　　**双目失明该怎么办** / 075
吴运铎的右眼很难治愈,他想,如果眼睛瞎了,就到农
村去,做一个盲人宣传员。

学习工作两不误 / 081
吴运铎经过四个月的学习,日语水平大有长进,可以借助
字典阅读日文技术资料。工作中,他仍旧搞信管研究,险
些再次受伤……　　　　　**30岁**

32岁　　　**当大学老师** / 085
吴运铎走上了大学讲台,他以给学生一滴水,自己要有
十桶水的精神,上好每一堂课。

■中国的"保尔"（1949-1956） / 087

走近保尔 / 088
1949年12月,吴运铎的左眼经苏联专家的精心治疗而
复明;吴运铎参观了奥斯特洛夫斯基博物馆,并拜见了
其夫人达雅。　　　　　**32-33岁**

33岁　　　**听从党的召唤** / 090
1950年6月,吴运铎担任株洲兵工厂厂长,严厉惩治了
一小撮坏人,揭发检举了反革命分子,使其受到法律的
制裁。

《把一切献给党》 / 094
吴运铎所著《把一切献给党》一书问世,在全国引起了
强烈反响,吴运铎的英雄事迹不胫而走。　　　　**35-39岁**

■ "大跃进"中的吴运铎（1957–1959） / 097

违背科学是炼不出钢的 / 098
吴运铎和几个人研制了一个烧焦炭的炉子，用吹氧的方法炼钢，其实效果也不理想。事后他反省道：如此土法炼钢是违背科学的，是炼不出钢的！　　**40岁**

41–42岁　**科研精神 / 101**
他说："搞科研就得有你们这种精神，要有紧迫感，要不怕苦，不怕累，只争朝夕，要有一股子钻劲……"

■晚霞尚满天（1960–1991） / 107

第二次去苏联治疗眼疾 / 108
1960年初夏，吴运铎第二次到苏联治疗眼疾。由于中、苏两党产生了严重的政治分歧，导致两国关系破裂，吴运铎在苏联被冷遇。　　**43岁**

44–49岁　**"文革"前的六年 / 110**
从1957年到1966年"文革"开始前，吴运铎一直主持无坐力炮、高射炮、迫击炮以及轻武器研究，取得了成果，也为国家培养了一批青年兵工专家。

十年浩劫的磨难 / 115
在十年浩劫中，吴运铎遭到了冲击和迫害。　　**49–60岁**

61–64岁　**复出后到离休前 / 121**
1978年，吴运铎从"五七"干校回到了北京。党组织为他平反，恢复工作以后，他又投入到忘我的工作中去。

人生最后的九年 / 124
离休后的吴运铎，比在职的时候还要忙，去全国各地开会，作报告，为媒体撰写文章……　　**65–74岁**

■后记　为人类最壮丽的事业贡献一切 / 127

"中国的保尔"吴运铎（代序）

　　吴运铎，1917年1月17日出生，湖北武汉市汉阳镇人，出身贫寒。他一生致力于学习、钻研武器制造与创新技术，为我国兵工事业作出了重要贡献。

　　吴运铎从13岁起在煤矿当学徒和电机工人。全国抗战爆发后，他毅然参加新四军，投身革命的兵工事业，由一名普通的军工战士，逐渐成长为军工战线卓有成就和建树的人。

　　吴运铎的一生，是革命的一生，战斗的一生，学习与刻苦钻研技术的一生，也是身残志坚，战胜伤残带来的种种困难，为我国兵工建设无私奉献的一生。

　　吴运铎的革命信念坚定，无论是在炮火纷飞的战争年代，还是在社会主义建设时期，他都自觉地坚持革命第一、工作第一、事业第一的信念，拼命地为党和人民的事业不断作出新的贡献。同时，在革命实践中，无论是作为一名军工战线的普通战士，还是担任领导，他都坚持不间断地学习，不断地充实和提高自己，力争为革命和建设事业作出新的、更大的贡献。

　　吴运铎用自身学习、工作以及身残志坚的可歌可泣的英雄事迹，教育和影响了全国各族人民，为我们树立了"中国的保尔"的典范和楷模，其影响的深远及给人的教益无法估量。

吴运铎的"中国的保尔"精神，鼓舞和激励着全国各族人民在祖国社会主义现代化建设的伟大进程中，为中华民族的崛起和振兴，作出新的贡献。

　　吴运铎身上，留给我们这样几点启示：

　　第一，为革命事业的成功，为人民谋幸福，矢志不渝地刻苦学习和发明创造。吴运铎同志的文化程度虽然不高，但是，为着革命和战争的需要，他坚持在干中学，急用先学，学就学好，干就干好的精神，成就了他成为一代军工专家。

　　第二，克服伤残带来的一切困难，坚持一息尚存，就要有所作为的忘我革命精神，一直战斗到生命的最后一息。

　　第三，现身说法，用自身的经历，影响更多的人们，进而使"保尔"精神发扬光大、代代相传。

　　"中国的保尔"吴运铎精神，集中反映和体现了中华民族勤劳勇敢、努力奋斗、好学上进，不怕困难，不怕牺牲，爱国爱民的传统美德和时代精神，这种精神不仅可敬可佩，也需要不断发扬光大。

苦难的童年

（1917—1938）

→ "小三子"的故事

★★★★★

（0—12 岁）

吴运铎，1917 年 1 月 17 日生于湖北省武汉市汉阳镇的一个穷苦农民家庭。他家兄弟姊妹七个，他有两个哥哥，他排行老三，所以，父母都叫他"小三子"。

吴运铎的父亲吴树棠，虽然私塾和新学堂都上过，但因家境贫寒，没有读下去。吴树棠摆过小摊，做过苦工，收入微薄，生活难以维持。为了生活，他到江西安源煤矿当了一名小职员。

吴运铎的母亲万洪邱，温婉、贤惠、淳朴、宽厚。万洪邱读过几天私塾，虽然识字不多，但记忆力强，几十年前的事情，叙述如昨，出口成章。

童年的吴运铎胆大、调皮，兴趣广泛。

他经常和小伙伴一起掏鸟窝，逮蟋蟀，抓沙鸡，扣蝈蝈，生活虽然清苦，但爱好给他带来了无穷的乐趣。

又长了几岁的吴运铎，对矿井产生了浓厚的兴趣，他觉得那里充满了神秘。当母亲发现吴运铎总是望着他家附近的煤井口出神的时候，觉得事情不妙，于是母亲提醒他，小孩子可不能进煤窑，进去就出不来了。他忽闪着两只明亮的眼睛，望着母亲，心里想，你说的是真的么？好奇心的驱使，他趁着大人不在，也偶尔钻进空煤车，想象着矿井里的样子。

既然矿井不让下，看工厂里的机器总可以吧。于是，他就天天往机器房跑，看的是机器怎样转，又是如何动。同时，他还去修理厂，去火车房的修理车间转悠。只要在这些地方转上一圈，他的心就踏实了，快乐很快就溢满了心房。

对于小三子的这些爱好，母亲从不去干涉，只是不时地提醒他，一定要老实做人，多做善事。但父亲却坚决阻拦和反对。小三子这样的举动每次被父亲发现，遭到训斥和体罚，都是家常便饭。不过，小三子倒觉得，自己的人生之梦，应该在工厂里，应该在机器上。

小三子和工厂里的工人叔叔伯伯混得还很熟，他常向他们提出问题，工人们不但解答他的问题，还送给他一些铁家什。积攒多了，他的工具箱成了"聚宝箱"。于是，他突发奇想，自己动手做玩具，他从外国人住的招待所旁边的垃圾箱里找到了罐头盒、铁丝、铁片、铁钉等，凑齐了原材料，他便动手做起来。他做了一个口哨，站在大街上吹起来，哨子一响，竟招来了矿警；他模仿工人师傅用砂轮磨菜刀，菜刀飞了，险些砍了他的脚。

小三子见了新奇的事物，总想亲手试一试，冒险，他是从来都不在乎的。

小三子去读私塾没几天，他的耳朵就变得又肿又红又大。父亲问他是怎么回事，还没等小三子回答，母亲先说话了："逃学，先生给拧的。"

父亲领着小三子去找私塾先生。父亲对先生说：

"老先生，我这孩子逃学是应该管教的，但请先生往后拧孩子耳朵时，两只耳朵一起拧，搞得一只耳朵大，一只耳朵小，多不好看！"吴运铎父亲的话，激怒了胡老先生，他气呼呼地嚷道：

"你这孩子我教不了，往后别再来上学了! 你带回去吧! " 没有办法，吴树棠只好把小三子带回了家。

吴运铎在私塾读书，对于循规蹈矩地总是读那"人之初……"不但觉得乏味，也不解其意，于是，就问先生：这"人之初……"究竟是什么意思，而先生非但没有回答小三子提出的问题，却将戒尺落在他的手掌上，小三子自然是要躲闪戒尺。先生不回答为什么要念"人之初……"，还要用戒尺惩治自己，读这样的书真的不如去看机器，于是，小三子便逃学了。先生见小三子如此"冥顽"，抓住他便拧他的耳朵。

小三子没学可上，无书可读，就天天去矿山的各个工厂玩。母亲担心小三子会惹出乱子，她问小三子："你这样下去，咋办?"小三子一脸正色地对母亲说："妈，不要紧，我长大要当工人，造机器，开机器! "他十分自信地安慰母亲。

后来，小三子又上了教会学校的小学一年级。他看不惯这里的什么早祷呀、默念"圣经"之类的洋玩意儿，再加上杨胡子主任的盛气凌人，他的心思根本就没用在学习上。人在课堂，心却早已飞到了矿山，飞到了工厂车间，飞到了隆隆转动的机器旁边，飞到了工人师傅的身旁。同时，他常跟着大同学一起闹救国运动，由此耽误了功课。期中考试，他的成绩单上注明"留级"。父亲非常气愤，母亲则后悔自己当初没多识几个字，要不也可以帮助小三子，总不会使他落到"留级"的地步!

父亲的恨铁不成钢使小三子的自尊心受到了强烈的伤害，

他第一次感到自己太丢人了，悄悄地掉下了眼泪。从此，他给自己规定了严格的学习时间，每天足不出户，小伙伴们来找他玩，他一概婉言推辞。

到了第二个学期，小三子开始发奋读书，每天上学都克制自己的兴趣，不去那些自己感兴趣的地方，按时到校，注意听讲，学习成绩直线上升。老师表扬了他，但他不松劲，继续努力，期末大考，他夺得了班级甲等第一名的好成绩。后来，小三子转到安源俱乐部办的东区小学读书，成绩总是班里的佼佼者。小三子有三门功课好，除了图画和英语是全校第一之外，还有作文。他的一篇题为《猫》的作文，语文老师给了他100分，还奖励了他。他的图画，也得到了美术老师的赏识。

1926年，小三子在东区职工子弟学校读四年级。他参加了儿童团，担任东区分团的宣传员，还是个小号手。下午放学之后，小三子在大街上，先是吹起小铜号，然后儿童团员们便唱起来："走上前去啊，曙光在前，同志们奋斗……"随后，有的同学开始演讲，号召矿工团结起来，打倒帝国主义，打倒军阀，打倒封建势力；反对签订不平等条约，反对帝国主义瓜分中国，反对封建迷信，反对妇女缠足；劝矿工不要抽大烟，不要赌钱……演讲完了，小三子领着大家喊口号、唱歌。唱的是"打倒列强，打倒列强……"小三子做宣传工作非常认真，受到了老师的称赞。老师说，只有这样做，才是中国儿童的本分！

小三子还参与工人俱乐部演出的文明戏，他扮演一个卖油条的苦孩子，竟然演得惟妙惟肖。

小三子跟哥哥参加"勿忘国耻"的提灯游行活动，他还对随意殴打工人的洋人工程师投砖头。

小三子和小伙伴一起，偷偷地撕扯恫吓工人不准参加革命的反动标语。

1927年4月，蒋介石发动反革命政变，国民党的军队开进了安源，一些共产党员和革命矿工惨遭敌人的杀害。

△ 安源煤矿的总平巷

安源煤矿停办之后，"小三子"的父亲吴树棠失业了，一时间，一家人生活陷入了困境，连稀粥都喝不上。值钱的一点东西全都送进了当铺。万般无奈，还不到11岁的小三子，只好去给小煤窑老板当"挑脚"。第一次"挑脚"，走了一半山路，小三子瘦弱的身子支持不住，一个跟头栽倒在半山腰，胳膊和腿好几处擦破了皮，第一次"挑脚"不成。从第二天起，小三子克服饥饿、劳累、路不好走、肩头被扁担压肿了等困难，终于将一挑煤挑到了火车站，挣了五六个铜板，买了十几斤地瓜。就这几个铜板，就这十几斤地瓜，小三子却明白它的分量，不管自己有多么沮丧，有多少苦涩，都要咬紧牙关，坚持"挑脚"。不过，在他拿到那一点微薄的收入之后，想到的是能不能找个别的什么门路维持生存。

　　捡炭渣，是小三子找到的一个新的活计。他听说，一担炭渣，能卖到十多个铜板。头一天，因为他去得太早，躲在烟道旁睡着了，被矿警发现了，挨了鞭子，他急忙逃跑。从此，小三子每天晚上都去锅炉房拣炭渣，后来，二哥也来干这个活儿，当他的帮手。他俩每天挣的卖炭钱有二十多个铜元，可以勉强维持一家人半饱的生活。

　　人世间的世态炎凉，人世间的光怪陆离，对于他来讲，几乎全都是未知的，全都是未解之谜……

→ 发愤图强

1930 年，刚刚 13 岁的吴运铎，走进了黄石富源煤矿的电机车间当上了学徒。

吴运铎作为一名工人，第一次走进电机车间，工头领着他来到陈师傅面前，让吴运铎拜他为师。陈师傅便把师兄叫过来，要师兄交代给他具体做什么事情。师兄告诉他，早晨上班之前要烧开水，泡茶，扫地，打洗脸水……

对于师兄的安排，吴运铎照着去做了。他以为，既然自己是学徒工，就该从头做起，就该从点滴做起。

吴运铎当学徒的第一个春天，矿井发了大水，水泵日夜不停地从井底往外抽水。有一次，一部最大的水泵的电动机出了毛病，师傅们站在水里抢修，吴运铎用手电灯替师傅照亮。突然，吴运铎的身体剧烈地抖动起来，原来是手电灯的电线皮磨破了，他被电打了。陈师傅急忙断开了电源，吴运铎的两脚一滑，掉下井区，摔倒在运煤的铁轨上。吴运铎被大家救起后，半天才缓过气来。

这是吴运铎走进工厂之后的第一次遇险。不过，险象环生始终伴随着他。

第二天一大早，矿山上的汽笛还没有拉响，吴运铎便来到了车间，车间里一个人都没有。他先烧水，准备为师傅沏茶。不知不觉坐在炉子旁边睡着了。这时汽笛拉响了，把他惊醒，这时，铁水壶已经烧漏了，他又慌忙找来一把铁壶，烧开了水，冲好了茶，正给工头沏茶时，他一不小心，脚下一滑，一头栽倒在地上。茶壶摔成了碎片，开水烫伤了他的手。这时，工头冲吴运铎嚷道："都什么时候了，还不给我沏茶！"吴运铎让工头看自己被烫伤的手。工头要的是茶，哪管吴运铎的死活。吴运铎与工头争辩，陈师傅连忙上前拉走了吴运铎，劝慰他道："吃点亏算了，跟工头闹气没有好处呀！"

后来的事情，真的像陈师傅说的那样，大大小小的工头都对吴运铎"茶里不找饭里找，"总是与他过不去，想办法整治他。粗活，脏活，累活，危险活，都派他去干。不去干，就要失业，就要没有饭吃。干这些活，就要忍气吞声，吃苦挨累，甚至要冒着生命危险。有一次，工头硬要吴运铎去清洗煤气过滤器，他刚钻进去，就被煤气熏倒，不省人事。要不是被人发现得早，小命就丢了。水泵房的蒸汽管道破裂，工头逼着吴运铎去检修。这本来不属于机电车间的活计，可工头和机电工程师要报复他，非让他去修理不可，否则就要开除他。吴运铎明白，他们合起伙来整治自己，与其同他们讲理，也是受害，没有好结果。想到这里，吴运铎只好脱了衣服，冒着高温，钻进泵房修理管道。

泵房如同蒸笼一样，闷热难忍，进去之后，立时汗流如雨，他浑身顿时变成了紫色，头昏眼花。他怀着一腔愤怒，终于将管道修好了。工头见吴运铎活着出来了，不无遗憾地骂道："你没死在里头！"

吃苦，挨累，冒着生命危险干活，受工头和矿主的压迫，并没有使吴运铎屈服，更没有使他减弱学技术、学本领的渴望。吴运铎学徒三年未满，竟当上了"小师傅"，结束了一天只挣一毛钱的学徒生活，成为真正的机电工人。微薄收入虽然有所增加，但也只能养活自己，母亲和妹妹仍要替人家洗衣服补贴家用。父亲一直没有找到事情做，后来疯了，卧病不起，不久就去世了。

吴运铎天真地以为，当上了师傅，地位变了，

△ 煤矿工人所用的机器

就可以不挨欺负了。其实他错了，这是黑暗社会的本质，剥削阶级欺压劳苦大众，是阶级本性。

一次，吴运铎在井下安装电石灯的时候，由于木头腐朽，他被摔到井下，大难不死，工头见此情形，冷冷地说："回家给老祖宗烧香磕头吧，没死就算便宜。"吴运铎明白了，他学徒的时候工头也是如此说话。

吴运铎刚到富华煤矿不久，胡工头让吴运铎修理被烧毁的电机。吴运铎从未修理过电机，他明白，这分明是工头在考自己的技术。于是，他找到了平时读书笔记记录下来的电机修理资料，仅用一个星期的时间，就把电机修理好了。

胡工头眼见电机正常运转，竟说吴运铎的运气不坏。吴运铎清楚，理论与实践的结合，日积月累的磨砺，是形成一种雄厚实力的必然结果。而懒惰，不求进取，缺乏智慧的白痴，永远也不会有好运气!

吴运铎为了钻研技术，先是主动找陈师傅学习，陈师傅把钳工技术一样一样地教给他。但是，当他问师傅电是什么的问题时，陈师傅竟无法回答。于是，吴运铎省吃俭用，在微薄的收入中挤出一点儿钱来，买来工业技术书籍，还买来廉价的物理学小册子。他如饥似渴地学习，还带动师兄弟学习。

→ ## 最初的觉醒

★★★★★

（20—21 岁）

吴运铎同富华煤矿的矿师产生了矛盾，后来到了彼此难以相容的地步，吴运铎不甘受辱，又调回了富源煤矿。其实，"天下的乌鸦一般黑"，他回到了富源矿之后，仍旧受人欺负。他在黑暗中摸索，渴望得到生活的真谛。

九·一八事变抗日战争全面爆发，吴运铎立刻将新仇旧恨转化成了抗战的激情。

1937 年，吴运铎经黄石大冶铁厂中共党员于仲儒同志介绍，认识了《新华日报》的中共党员张明。通过张明的讲解，吴运铎懂得了老百姓之所以受苦受穷、受压迫、受剥削，是阶级之间的区别，因此存在着阶级压迫和阶级斗争。而且清楚地知道，自己是属于受压迫、被剥削的阶级

△ 九·一八事变纪念碑

一边的。同时，通过张明的解释他还知道，在当时的形势之下，首要的任务是推翻民族压迫，集中一切力量来消灭日本侵略者，把他们赶出中国。然后，再同国内的反动统治者和一切剥削阶级进行坚决的斗争，并最终彻底消灭他们。只有这样，中国的劳苦大众才能翻身解放，过上好日子。

经过张明的开导，吴运铎理解了共产党的政策，懂得了革命的道理。于是，他在工作中积极推销《新华日报》，并成立了《新华日报》发行站，传播其刊登的重要报道。同时，吴运铎在矿工中组织了"读报小组"，并对工人们说：这张报纸的内容适合工人阅读，登的都是咱工人关心的事，通俗好懂。他还花两块钱专门找了一个逃难来的小孩儿按时取报送报。吴运铎坚定地对张明表示："党要我做什么我就做什么，拼了杀头也干……"

在人们还没有真正觉醒的时候，宣传和推销《新华日报》可不是一件容易的事情。虽然表面上国民党当局口头上允许《新华日报》公开发行，但在暗地里，他们千方百计地阻挠和限制《新华日报》。吴运铎为了保护报纸，采取工人轮流值班，跟报童一起到码头取报等措施，使报纸及时安全地送到工人手里。

在读报小组的基础上，吴运铎还组织"时事座谈会"，进行爱国活动。对于吴运铎的举动，无论是国民党当局，还是煤矿老板以及老板豢养的工会，都十分害怕，他们害怕他团结工人，搞乱煤矿秩序，动摇他们的统治。敌人采用软硬兼施的手段，隔三差五地破坏捣乱,逼迫吴运铎自行解散"时事座谈会"组织。面对敌人的软硬兼施,吴运铎攥紧了拳头,对工会的头子吼道:"你再不滚蛋,它就不认得你了!"

敌人的软硬兼施全都不能奏效,于是又采取了恶毒攻击的手段,在群众中散布吴运铎是"在组织什么暗杀团,担任团长……"对于敌人的攻击,工人群众非但不怕,还安慰和支持吴运铎要他挺住,大家什么都不怕。

富源煤矿矿主见抗日战线已经逼近了武汉,害怕得要死。于是,趁着夜色,将家里的细软、值钱的东西搬走。吴运铎发现这个情况,第二天上班后就首先组织全矿的机电工人进行了罢工。接着,他又联合了锻造车间工人一起进行了声势浩大的工人大罢工。他对工人们高声说道:

"我们只有一条路,敌人来了就跟他拼。既然是中国人,就该爱国,不能叫他们逃跑!"他义正词严地向矿主提出不准逃跑,共同抗日;对回家的矿工,矿里一律发给每人三个月工资作为遣散费等条件。对于吴运铎提出的条件,矿主认为条件苛刻,拒绝签字。拖到当天晚上6点,罢工条件仍未得到明确答复。这时,正好赶上上窑和下窑的矿工交接班时间,吴运铎跟矿工们讲了要罢工的理由、提出的条件。矿工们听到这一消息,就像火把点燃干柴一样,怒火迅速燃烧起来了!

罢工的汽笛长达四个钟头不息,将全矿职工都召唤起来,工人们冲向公司经理大楼,强烈要求资本家答复工人提出的条件。

敌人派人劝说吴运铎：只要你吴运铎不闹，可以给你双份工资。吴运铎气愤已极，大声吼道："我不闹，就没有人闹了？让我不闹办不到！"

一计不成，又生一计，资本家又派人来跟吴运铎说，我们先给机电车间工人发三个月工资，挖煤的矿工不发！吴运铎不同意，他说："要给，全矿的职工一个也不能少！"

敌人软的手段全都使完了，来硬的了。当天晚上，警察局长易介甫带着一个连的反动军警冲上来，向罢工群众开枪，当场打死了二十多人。

矿工们并没有畏惧，更没有屈服，而是将整个经理大楼包围起来，工人们愤怒地高呼："严惩杀人犯！"资本家看工人要动真格了，不让步后果肯定不堪设想，于是，双方开始谈判。

谈判桌上，吴运铎坚决维护矿工的利益，在强烈斥责资本家的同时，提出了具体条件：要全部答应工人提出的要求；要严惩杀人凶手；要把被打伤的工人送进医院治疗，支付医药费，家属补贴，工资照发；要把死难者给安葬好，发给抚恤金；给全矿工人发三个月工资。

在铁证如山的事实面前，资本家答应了工人

谈判代表提出的全部条件，矿工的罢工取得了胜利。

这次罢工，使吴运铎终生难忘。这次罢工，是富源煤矿工人与国民党反动派第一次在谈判桌上斗智斗勇的较量。吴运铎深刻认识到，要斗争，要消灭敌人，工人阶级必须坚决地拿起武器，永远跟着共产党走。

后来，日本鬼子占领了富源煤矿，工人们被遣散，许多工人拿起武器，参加了抗日游击队。吴运铎也决心离开矿山，去找新四军……

走上革命路

(1938—1941)

→ 参加新四军

吴运铎想离开矿山，要去哪里呢？此时的吴运铎和所有有理想、有抱负的进步青年一样，志存高远，他想去找革命的队伍，他也渴望能找到关系，介绍他去革命圣地延安。可是，有两个必要的条件他不具备，一个是没有可靠的关系介绍，他听说去延安的交通已经被国民党军队封锁了。再一个是自己没有路费。因此，他只好先踏上回乡的路。

吴运铎离开矿山之后，经过武汉，搭上去湖南满载着难民的小木船，到了岳阳，从岳阳偷偷爬上了开往长沙的火车，在长沙下了火车，又大着胆子爬上了去萍乡的火车。下车徒步回到他的出生地安源煤矿，他终于见到了自己的母亲、妹妹和弟弟。

吴运铎经安源煤矿党支部的介绍，去了南昌，找到了新四军办事处。当天，吴运铎等四人参加了新四军，穿上了军装。再经新四军办事处的介绍，来到新四军军部云岭。

　　军政治部副主任邓子恢接待了吴运铎。根据吴运铎的经历，邓副主任安排吴运铎去兵工厂工作，他还再三嘱咐吴运铎说：

　　"拿枪和修炮、造枪都是革命的需要。你们是技术工人，应该到那里发挥自己的专长，为革命作出贡献。"

　　吴运铎认为领导说得在理，既然是工作需要，就不能凭个人的感情用事，造枪、拿枪一样是为革命，不该讨价还价。想到这里，吴运铎向邓子恢表示服从组织分配。第二天，吴运铎等四人就到了军司令部修械所。

　　所长向吴运铎等人简单介绍了情况之后，让他们先到工厂去看一看。吴运铎走进工厂第一眼就看到了"我们多流一滴汗，战士在前方少流一滴血"的醒目标语，看到这里，吴运铎心里热乎乎的，他意识到，自己即将开始的工作，是何等的重要。他工作的好坏与前线战士打胜仗有着密不可分的直接关系。他看到钳工车间设备简陋，没有任何机床，连起码的鼓风机都没有，只有手动工具。

　　开始，吴运铎的活计是制造刺刀，他的手脚显得笨拙。老同志一天最多能造16把，而自己顶多能造4把。他注意向别人学习，处处留心别人怎么拿工具，怎么操作，身体各个部位的姿势；工具钝了怎样去处理；几个工作环节怎样有机配合。这

◁ 新四军证章

些细节全都看好了，烂熟于心之后，下班了，他一个人研究工具，模仿别人的做法，勤学苦练。经过很短的时间，他的技术水平有了提高，工作方法逐渐改进，造的刺刀也就多了起来。后来，车间开展造刺刀比赛，大家都按工时数做刺刀，没想到，吴运铎居然在一天之内造了24把刺刀，经检验全部合格。他很激动，高兴得要跳起来！

接着，吴运铎又接受了修理枪支的新任务。经过小组长的耐心讲解，吴运铎对枪支的基本构造、零件的功能、作用等等，有了初步的认识。他在较短的时间里，学会了修理各种枪支，制造各种步枪零件，修枪的技能提高得很快，他一天能比别人多修好几支枪。没过多久，他就当了修械班的班长。

制造刺刀、修理枪支的技术，吴运铎不但

很快就都掌握了，并且作出了成绩。不久，他又接受了制造步枪的新任务。制造枪支的技术含量高，任务急，要造出合格的步枪，需要做的工作更多。

制造步枪，需要建立一座兵工厂，这谈何容易呀！因此，摆在吴运铎面前的困难很多，要选厂址，要建厂房，要组织原材料，要有必要的机器设备，还要有技术人员。

为了如期完成建设兵工厂的任务，吴运铎和几个战友立刻进入了紧张的准备工作中，选厂址，自己动手制造土机器，并从宁国县的灰山煤矿借来几台旧机床，两台旋床和一台牛头刨。同时，又买来一台坏的单缸柴油机。

不到一个月的时间，新厂房就建设好了，有制造车间、修枪车间、锻工车间、枪托车间以及炊事房、宿舍、办公室、俱乐部等等。这时，组织上让吴运铎担任青年班班长。

厂房建好之后，很快就投入了生产，只是几乎都是土打土闹。但对于精度要求高的，他们也不肯望而却步，仍旧用土办法解决问题。比如，枪筒里要刻来复线，他们没有造来复线的机器，就用土法刻来复线。没有打光机，没有发动机，没有的东西简直太多了。他们发扬艰苦奋斗的精神，用土办法制造各种机器来生产。这就是吴运铎因地制宜、因时制宜、艰苦奋斗、勤俭办厂的思路。

制造枪支的技术要求很高，但工人的文化和技术水平都很低。为了提高工人的文化和技术水平，吴运铎除了忙于正常生产、技术工作之外，还抽出晚上时间，教大家学文化、学技术。他还担任俱乐部主任、歌咏教员、青年队队长、生活三排副排长以及工会主席等职务。

吴运铎接到家信，得知家中发生了诸多不幸。信是逃难到四川的弟弟运铮写来的，他告诉吴运铎，大哥被国民党关进了集中营；二哥1938年壮烈牺牲在日本鬼子的屠刀下；妹妹逃难到广西，生死未卜；年迈的母亲，孤身一人，回到祖籍绍兴，现正在铁路边上以乞讨为生。读着家信，回想着往事，他心如刀绞。然而，他只能祈祷，愿他们平安无事。

不久，吴运铎很快把这种为家人担心转入到忘我的工作中，他认为，自家的不幸，只是我们祖国人民所经受苦难的一部分。只有勇敢地战斗，彻底干净地消灭敌人，才能夺取胜利，换来幸福。个人的幸福，只能包括在集体的胜利之中。

美国著名记者史沫特莱女士来吴运铎所在的兵工厂采访，她先要了一支新枪，很内行地从枪的外观到构造以及性能等等看个仔细，然后又放了几枪试了试，她觉得这枪的质量不错，伸出大拇指，表示赞许。

当史沫特莱听吴运铎介绍这枪支是如何造出来，又参观了枪支生产车间之后，史沫特莱说："我到过美洲、欧洲，到过世界上许多国家，看到过许多许多工厂，可从来没有看见过像你们这样的兵工厂。这真是奇迹! 奇迹!"

史沫特莱女士的到来，不仅鼓舞了军工战士，也引起了吴运铎的深思。他想到，他们的工作是极不平凡的，他们这个兵工厂也是在世界上挂了号的。他们的工作，是与全国人民连在一起，与全世界被压迫、被剥削的人民连在一起的。军工战士们干劲儿高涨，夜以继日，工作效率大大提高。

吴运铎入党了。

1939 年 5 月 18 日晚上，吴运铎被一名同志带着走出了兵工厂，他们先是翻过了一道小山梁，然后顺着林荫小道，走进一块不大的草地。月光透过茂密的竹林，照着挂在树枝上的党旗，环

▷ 纪念馆内陈列的《新四军军歌》

境严肃异常。此时此刻，吴运铎激动与兴奋的情绪几乎无以言表。会议正式开始，党支部书记宣读了吴运铎的入党申请书和自传，罗克绳介绍了吴运铎的情况，然后全体党员进行表决。到会全体党员一致通过吴运铎同志入党。吴运铎在党旗面前，庄严地宣誓道：

"我志愿加入中国共产党，积极工作，努力学习，不惜牺牲个人一切，誓为共产主义的最后实现终生奋斗到底！"

其实，吴运铎要求加入中国共产党的愿望，由来已久。他曾对战友秦永祥吐露过心声：

"老秦，我早就想参加党，为党做更多的工作。只是我有不少缺点，性情又急躁，恐怕离党员的标准太远了。"

听了吴运铎的话，秦永祥说：

"只要努力争取，党一定会吸收你的！"秦永祥鼓励吴运铎之后，接着说道：

"作为革命战士，最重要的是得有坚定的立场，对党无限忠诚，经得起任何考验，不管什么时候，都跟党走，不变心！"

同志间的谈话，虽然是细声慢语，可是，秦永祥对吴运铎讲的是革命道理，在向他宣传党员所必须具备的条件。

老秦还对吴运铎说：

"个人主义最害人，自私自利，虚伪欺诈，都是从这里产生的。做个真正的革命者，要像对待毒瘤一样割掉它！"

吴运铎接上秦永祥的话茬说道：

"我也想过这个问题，人活着，不是为了生儿育女，不是为了消耗五谷，生活中应该有自己的目的。专为个人打算的人，实际上没有生活方向。成天在自私自利的阴沟里爬来爬去，弄得满身泥，脸上也是黑的，走到哪里，都会发出臭味。这样活着，又有什么意思。"接着吴运铎又对秦永祥说：

　　"为人类最美好的理想共产主义事业而奋斗，就是终身最大的幸福。我要把自己完全交给党，听党的话。希望你好好帮助我。"吴运铎说出了自己要求入党的愿望之后，秦永祥热情地鼓励吴运铎说：

　　"共产党员都是从旧社会过来的，不是'超人'，即使入了党，也还必须在斗争中锻炼，靠批评与自我批评加强党性。一个人，只要不掩饰缺点，善于听取别人的意见，就能够不断地提高阶级觉悟。一个人，如果是真心革命，就不会让个人主义的灰尘迷住眼睛。"

　　这次谈话过后不久，罗克绳高兴地告诉吴运铎，老秦已经把你的要求向党支部汇报了。听到这个消息，吴运铎心情非常激动，罗克绳继续说道：“经研究，支部认为你可以正式申请入党。”罗克绳愿意做吴运铎的入党介绍人。

于是，吴运铎在菜油灯下，认真地写起他的入党申请和自传。在他看来，今晚的菜油灯光，无比的明亮，他的心，也充满了阳光……

→ **皖南事变前后**

★★★★★

（23—24岁）

1940年7月至8月皖南事变前，吴运铎的左脚踝骨被发动机手柄砸伤。受伤之后，他仍旧坚持工作，后来伤口化脓，才不得不去看医生。经过医生处理之后，他没有休息，继续坚持工作。1941年1月，皖南事变爆发了。

驻皖南泾县的叶挺、项英率领新四军军部开始转移。当新四军军部三个纵队到达泾县的茂林地区时，遭到顾祝同、上官云相所部国民党军队七个师八万多人的突然袭击。新四军经过八昼夜英勇奋战,终因寡不敌众,弹尽粮绝,除2000人突围渡江到无为一带以外,其余大部分人壮烈牺牲。

震惊中外的皖南事变后,党中央领导全党采取了坚决斗争的方针,对国民党顽固派进行了坚决的回击。1941年1月20日,党中央革命军事委员会发布了重建新四军军部的命令,任命陈毅为新四军代理军长,张云逸为副军长,刘少奇为政治委员,赖传珠为参谋长,邓子恢为政治部主任,继续领导分布在华中、华东的新四军,坚持长江南北的敌后抗战。1月28日,新四军的

△ 皖南事变烈士纪念碑

△ 1938年1月,新四军军长叶挺(中)、副军长项英(右二)、参谋长张云逸(左二)和曾山(右一)、傅秋涛(左一)在汉口新四军军部合影。

军部在苏北盐城成立,新四军扩编为七个师,一个独立旅。

这时,国民党顽固派调动了十几万人马,妄图一举消灭江南敌后坚持抗战的新四军。兵工厂接到撤退的命令,连夜埋了机器,随着非战斗部队先撤。吴运铎和战友们开始向苏北转移。

为了防止遭遇敌人,吴运铎化装成乞丐,他

手里拿着打狗的棍子，挎个要饭的篮子，买一帖狗皮膏药贴在脸上，成天不洗脸，蓬头垢面，还弄了一个难民符号别在胸前，化名为周其村。即便这样一番打扮，还是怕逃不过敌人的眼睛，于是党组织又暗中派一位地下党的同志保护他，一站一站地往前送。吴运铎觉得这次的路很长，也很艰难，有时累得真不想再走下去了。可当他想到自己是在战场上，同敌人进行你死我活的斗争，他不能就这样被困难吓倒，入党时的誓言不断在心中升腾。于是，他鼓起勇气，继续坚持走下去。

然而，"漏屋偏遇连阴雨"，吴运铎又得了疟疾，在一位老大娘的帮助下，找人用担架抬着，把他送到了离新四军很近的地方。后来，通过地方党组织把他又送到了一所小学校，吴运铎和一伙男同志，乘小木船过江。为了防止发生意外，安排一位女同志带着个孩子，装扮成夫妻逃难的样子。组织上给吴运铎规定了不准说话的纪律，怕的是口音不对被敌人发现。吴运铎只好装哑巴。就这样，吴运铎没有露出任何破绽。在党组织和沿途老乡的帮助下，吴运铎终于安全到达了新四军军部所在地盐城。

1941 月 2 月，吴运铎在新四军军部下设的兵工三厂担任政治指导员兼工务主任。他的具体任务是研究怎样把用过的步枪子弹壳改装成子弹，还要研究并试验怎样做炮弹。

其实，不管是改装子弹，还是研制炮弹，存在的最大问题就是没有原材料和设备。正所谓"巧妇难为无米之炊"。然而，吴运铎并没有被面前的困难吓倒，他认为，组织上让一个战士去执行这样重要的战斗任务，是对战士的最大信任。党组织相信吴运铎不会因为碰到了困难就向后转，变成临阵脱逃的孬种。于是，他愉快地接受了这个艰巨的任务。

这时，吴运铎的脚伤不但没有好，连脚背也肿得很高，有时疼痛难忍。然而，艰巨的工作任务，使吴运铎把个人的痛苦完全置于脑后。他强忍着伤痛，琢磨着子弹如何改装出来。

吴运铎找了几发步枪子弹，拔掉弹头，仔细地量好子弹各个零件的尺寸，计算各种材料的重量，把这些数据全都记录下来，成天揣摩着子弹的制造步骤和方法。后来，问题一个个地解决了，困难一个个地被克服了。

要制造子弹，得先有子弹壳，造子弹壳需要铜。当时，铜很缺乏。一时搞不到造弹壳的铜，只好要求战士回收弹壳。经过翻新的弹壳，可以再用。不过，这仅是少量的。没有做火帽的铜片，吴运铎就把裂口不能用的空弹壳剪开，锤成铜片，来代替火帽的用料。

找不到火药，吴运铎先用火柴头代替，但火柴头也是金贵的东西，难以搞到，他就改用雄黄和洋硝代替火柴头，混合配置，才算解决了这个难题。同时，吴运铎将缴获敌人的各种炮弹拆开，取出里面的发射药。炮弹里的发射药粒大，吴运铎又做了一个小碾子，把火药磨成粉末，做子弹的发射药。这是易燃物，随时都有可能起火，每次都是吴运铎亲手去做。

开始，吴运铎用铅做子弹头，可是铅经不住高热，铅渣沾在枪筒里，容易使步枪炸毁，吴运铎经过反复琢磨、试验，他终于想出了解决问题的办法，将铜的外套穿在铅弹头的身上，问题解决了。

短短几个月，吴运铎他们以手工业的做法，试制少量的翻造子弹，利用原有的弹壳，配上火药，制成弹头及发射药，有力地支援了前方战士。

1941 年，日寇又向苏北根据地大举进犯，鬼子的飞机把兵工厂炸塌了，机器埋在里面。军工们挖出了机器，装上船，顺水路撤离。他们在盐船上建立了分厂，仍然坚持武器和弹药的生产。

当军工们正忙着生产武器弹药的时候，突然敌人来偷袭了。军工们纷纷拿起武器，准备与敌人抵抗。这时，吴运铎组织女同志和军工家属向阜宁转移。他带领着青年军工小组掩护家属和照管机器、材料。他带着的队伍老、小有一百多人，行动很不方便，也极容易暴露目标。吴运铎十分沉稳、机警，有条不紊地指挥着。敌人追到东边，他指挥队伍向西走；敌人向西，他就带着大家转移到东边；敌人向前扑，他们就向敌人后面钻。

就这样，吴运铎带着队伍与敌人周旋了一个多月，最后他们走到丁家渡，陷入了敌人的包围圈，情况紧急，不容犹豫，他们必须连夜冲出去，否则后果不堪设想。

吴运铎在一位老乡的帮助下，将机器搬上了船，终于从虎口逃了出来。中途又遇上几百人的反动地主和土匪武装，妄图消灭吴运铎带着的队伍。吴运铎组织好火力，大家排成一字形趴在河堤上英勇抵抗。正在危急时刻，侧翼忽然响起了密集的枪声，原来是住在附近的新四军战斗部队赶来了，这伙地主、土匪武装被击溃。

吴运铎带着这支军工、家属和孩子的小队，经过43个昼夜的艰苦战斗，终于突破了敌人的包围，完成了预定的任务，无一人伤亡，机器没有丢失一件。

在淮南二师的日子

(1941—1942)

设计子弹厂的设备

★★★★★

（24岁）

1941 年，吴运铎带着小队，终于回到了洪泽湖根据地，他像久别的儿子回到了母亲的身边那样，心情久久不能平静。

吴运铎又接受了新的任务，要建立一个年产 60 万发步枪子弹的兵工厂。

吴运铎接受任务的时候，没有向上级讲存在的困难。当时他左脚伤口疼得不能走路，一动弹就出血，折磨得他寝食不安。他的身体渐渐消瘦下来。他一边治疗，一边工作。

吴运铎借用农民的两间茅草棚子，筹建生产子弹的兵工厂。两手空空，要设备没设备，要原料没原料，要建设一个年产 60 万发子弹的工厂，谈何容易。

吴运铎决定先从解决生产设备入手，从小工具、台钳、钻子起步，然后设计各种不同机床。然而，制造设备的主要原材料是钢铁，而钢铁从哪里来呢？一个是新四军战士在津浦铁路的火车站打上一仗，把日本鬼子打跑，将钢轨抬回来；再一个就是军工部材料科的同志，千方百计搜集废铜烂铁。

吴运铎的任务是设计生产子弹用的各种机床。他的设计原则是：因陋就简，节省原料，方便实用。

其实，吴运铎的工作条件永远是因陋就简的：他的设计室没有窗户，他就在墙上掏了两个洞，他的工作台随着阳光挪移。他的工作台是借老乡家闲置的门板，这块门板，既是工作台，也是他睡觉的床板；他制图的圆规，不知是何年的，已经锈得不成样子；丁字尺、三角板，都是他自己做的。绘图铅笔，是两个半截子的硬铅笔。有了这些，吴运铎就可以开始工作了。

吴运铎一边工作，一边学习，一边讲课，还要搞设计。机械制图的书，不知读了多少遍。经过三个月的努力，他圆满完成了设计任务。

吴运铎三个月圆满完成设计任务，有人觉得是奇迹，有人觉得简直不可思议。可是，有位伟人回答了这个问题，他认为，人的智慧有三种来源：一是天生，二是力学，三是经验。吴运铎不过是个凡人，他的聪明才智，主要是力学，实践较多，经验丰富。因此，他才能以小学文化程度去完成连一般受过高等教育的科技人员都难以胜任的工作。

　　一天傍晚，军部材料科的运输队送来了一些破铜烂铁，也送来了一些废迫击炮弹。军工部长还给吴运铎捎来了一封信，信上这样写道：

　　"运铎同志，前方战斗打得十分紧张，我们炮兵连的同志迫切等待你们的炮弹，请抓紧把这些炮弹修好，送到前方去！"

　　这封信就是命令，军工们将建厂工作立即停了下来，全力以赴、不分昼夜地修理迫击炮弹。

　　炮弹上缺的弹尾、尾管、引信全都换上了新的，只缺起爆的炸药，如果等地下党的同志从白区搞来炸药是来不及的，自己又没有制造炸药的原料。只有一个办法，就是在缴获的旧炮弹里挖出需要的材料来。但是，这是极其危险的，吴运铎决定自己一个人去挖。

　　一天下午，吴运铎一个人坐在工作台旁，动手挖炮弹里的炸药。他从脸盆里拣出一支最大的雷管，仔细观察了一会儿，发现炸药已浸透了，便用小签子取出雷管口部的一点炸药，看它是否真的被水浸透了。吴运铎特意用小锤子敲打了几下，检查是不是安全，炸药并没有爆炸。他有些放心了，就在他再往里挖的时候，也不过就是轻轻一碰的瞬间，轰的一声巨响，雷管就在他手里爆炸了。

　　吴运铎左手的四根手指被炸掉了，他赶紧用右手紧紧握住左手腕，阻止过多的流血。他的左腿被震麻，直打哆嗦。原来，

他的左腿膝盖被炸了一个碗口大的伤口，膝盖骨突出出来。他的左眼又热又黏，全身麻木，失去了知觉。他想，我还有一只手、一只眼，就没有办法使我离开心爱的工厂和车床。

当他醒来的时候，仍旧对周围的同志们吃力地说："回去吧，前方等着要炮弹！"后来，吴运铎已经严重休克，生命垂危，而脉搏还在慢慢地跳动着。在那些日子里，他有时醒了，会从床上猛地跳下来，往门外跑，挥动着那缠满绷带的胳膊，高声叫喊道："我要回去，前方等着炮弹！"有时候，他突然用右手撕开左手包扎的绷带，并且一边撕一边叫喊："为什么把我的手捆起来，这样怎么能干活呀！"伤口被他撕得鲜血淋漓，急得护士们直流眼泪。为了不影响他的伤口愈合，医院只好让工厂派人来坐在床边，抓住他的右手，小心看护他。这样过了十多天，护士一步也不敢离开他。

半个月后的一天下午，吴运铎终于从昏迷中清醒过来，军工部的领导来看望他，老乡们也看望他。首长和同志们的热情关怀，使他感动得流下了热泪。

吴运铎的伤势渐渐好转，只是不能动弹，他急得哭了起来。

当吴运铎知道自己的左眼瞎了，又失去了左手，不平地说："多倒霉，炸掉了左手，又瞎了左眼。"说着，他眼眶里噙满了泪水。后来，吴运铎想开了，对身边的小张说："今天我还是个工人，但我是在共产党和毛主席领导下成长起来的工人。虽然炸掉了我的左手，我还有右手；炸瞎了左眼，我还有右眼。革命总是有牺牲的，不是我，就是我的同志。只要我能够回到工厂，只要我能站在机床前，我仍要操作高速旋转的机床，生产更多的子弹、炮弹，打击敌人。只要我能坐在设计画图的桌子旁，我仍要设计更好的武器，来装备我们的部队。我只希望能早日回厂，我要请领导批准我的建议，在建立子弹厂的同时，把生产炮弹的工厂也建立起来。我们要自己制造新的炮弹，不再修理捡来的破炮弹。"

吴运铎虽然人在医院，但他的心早已飞到了子弹工厂，他想的是造子弹需要的工具和机床的设计，想的是子弹壳和子弹头经每一次冲压之后，怎样才能做到安全可靠。而这一切，怎样处理才能符合科学，怎样快点解决雷汞缺乏的难题……

吴运铎在床上翻来覆去睡不着。

一天，看护吴运铎的一名小战士，欣喜地抱着一捆书跑了进来。吴运铎见有几本数理化的书，便高兴地问，这是哪里弄来的，看护告诉吴运铎，这是何区长从地主家抄来的。吴运铎高兴地用右手撑起身子，靠着墙边坐起来，又从挎包里拿出小本和铅笔，贪婪地读起书来。他想，既然自己不能回厂，若是在病房里把制造机器的结构草图画好送回去，不是同样能够争取时间吗?

吴运铎工作的事情，终于被医院院长发现了，他的做法受到了院长的严肃批评，他的本子和铅笔，也被没收了。尽管这样，吴运铎仍旧不甘心。

由于敌人的扫荡，吴运铎被转移到二师的中心医院，条件好多了。在这里，吴运铎的脸部伤口愈合，体力也渐渐地恢复，能够下床走动了，只是腿上的伤口仍旧没有长好。

不断传来战场的胜利消息，对伤员们不啻是巨大的鼓舞。可是，吴运铎却实在坐不住了，因为他知道，前方的战士每人只有两三发子弹，战士们不得不找些高粱杆，切成子弹一般长，装在子弹袋里。这深深刺痛着吴运铎的心，他向院长提出出院的请求。

院长经不住吴运铎的软磨硬泡，终于允许他出院了，还给他开了介绍信。

吴运铎虽然出院了，但伤势仍然很重，身体虚弱，伤口不时地流血。但他毫不顾惜自己，从未停止工作。缠着绷带的左手按着图纸，右手握着铅笔，埋头在桌上画图。不管是晨光微露，还是暮色苍茫，什么时候见到他，他都在工作……

制造子弹壳，加工要求复杂，需要连续退火，需要建立一座退火炉和相应的一台鼓风机。设计鼓风机，吴运铎没地方请教，只有靠自己设计一条路可走。当他把刘先洲的《机械原理》一书读懂弄明白之后，按照书上的计算公式，终于画出

◁ 二师兵工厂厂长吴运铎（右）与指导员王新民于1941年合影

了一幅规范、标准的图纸，经过十几天苦战，鼓风机要安装的一组齿轮设计图完成了。鼓风机里的一组齿轮加工出来了，实验效果很好。从此，吴运铎的思想解放了，胆子渐渐大了起来，各种机器的齿轮装置他都敢试一试。他的艰苦努力，为兵工厂的子弹和炮弹生产，奠定了思想基础和开拓性思路。

生产子弹，在吴运铎看来，虽然解决了理论问题，而形成生产能力的实际问题仍旧很多，因为还缺少各种机床，特别是冲压弹壳、弹头的冲床。吴运铎经过刻苦钻研，终于完成了弹壳大冲床图样设计。正式图纸出来之后，他立即将人分成三班，日夜苦干，人停机不停，每天鸡叫头遍，他上最后一班，常常是一连几个通宵不睡。累了，他就倒在机床边睡，醒过来，他就用冷水擦把脸，再接着干。心里只有一个念头，一切为了前线，要赶快造出打击敌人的子弹。

兵工厂需要制造的机器很多，困难也就一个接着一个。然而，吴运铎恪守的是："顽强战斗，用创造性的劳动克服困难。"他的话朴实无华，但是，这却是吴运铎行为的真实写照。

经过一年多的努力，吴运铎和军工们总算把制造子弹必需的机器造出来了，总共有三十余台。

子弹厂正式投入生产那天，吴运铎心花怒放，他简直要跳起来了。吴运铎装上原料，推动沉重的冲床。在机器巨大的轰鸣声中，第一颗子弹诞生了。吴运铎作为子弹厂厂长，把一颗颗黄澄澄的弹壳握在手里，竟然舍不得丢开。

吴运铎带领军工们依靠自己的力量，完成了大部分机床的生产工作，为新四军淮南根据地建成了第一个有一定规模、有一定技术含量的子弹厂。这个子弹厂不仅实现了年产60万发子弹的目标，而且每月都超额完成任务。

⊖ 研制迫击炮弹

★★★★★

（24岁）

　　在子弹厂正常生产的情况下，上级又交给吴运铎所在的兵工厂制造迫击炮弹的任务。虽然吴运铎没有造过炮弹，但对上级的指示，吴运铎绝对服从和坚决执行命令，没有一丝一毫的犹豫。他依旧采取笨办法，把从敌人手里缴获的迫击炮弹拆开，认真研究其构造以及原理，从中摸索制造技术。通过这样的方法，将敌人炮弹的优点综合起来，

△ 迫击炮

再从实际出发,设计迫击炮弹的图样。没过多久,吴运铎就把图纸绘制出来,并据此造出了第一颗新炮弹。

可是,经过两次试射,都没有成功。第三次试射终于成功了!吴运铎当即给军工部首长写信,报告炮弹试验的经过。首长十分高兴并要求他们尽快造300发炮弹。一个月后,300发炮弹出厂了。可是,这些炮弹很快又被退了回来,原来,炮弹只能打出30米。吴运铎又开始废寝忘食地研究,终于找到了问题的根本，因为火药是七拼八凑来的，燃烧速度慢，没有达到迫击炮的要求。经过深入思考，吴运铎试着将火药片压得更薄一些，更细小一些，使它会燃烧得更快一些。他和军工们不分昼夜地压火药。最后，经过反复试验，终于成功了。新的迫击炮弹射程达到 2000 米。在此基础上，吴运铎的子弹厂建立了一个炮弹车间，不但能修理炮弹，还可以制造新炮弹，并且每个月完成 300 发迫击炮弹的生产任务。

➡ 研雷救人

★★★★★

（25 岁）

　　"没有的就把它建立起来，不会的就把它学会。"这是吴运铎对于工作的态度，也是他面对地雷这个从未见过，也不知其原理构造时首先想到的。

吴运铎把自己对地雷的想法说给大家，征求大家的意见，大家纷纷发表意见。有的同志还画出了自己想象中的地雷草图。

　　面对大家画的地雷草图，吴运铎认为，设计一种定时地雷比较好。于是，他用滴水定时的方法设计了地雷，由于定时不够准确，第一种设计方案被他自己否定了。后来，采取现代的定时方法，按照钟表的结构，用发条齿轮装置代替水滴，虽然制造复杂，定时地雷却达到了准时爆炸的要求。同时，在不断的摸索中，吴运铎还研制了脚踏地雷和拉火地雷。

　　第一个地雷从设计、研制到大量生产，经历了多次试验、多次失败才成功。在多次试验失败后，吴运铎都仔细分析失败的原因，修改原有的设计方案。通过总结失败的教训，从中学到新的知识，为取得最后的成功，取得了宝贵的经验。

　　吴运铎深知，在科学的道路上，他还只是个小学生，但是，作为革命战士，为了战斗的需要，他将无所畏惧，努力掌握科学知识，一步步地摸索着前进。通过切实的努力，才能为革命的成功，贡献自己的光和热。

　　1942 年夏天的一个晚上，吴运铎带领军工们抬着一个大型的定时地雷搞试验。尽管试验场地戒备森严，也有意外。在定时地雷还有 90 秒就要爆炸的时候，吴运铎突然发现警戒区内有人影走动，虽然军工们冲那人影高喊，那人影却听不见。此时，那人影距离地雷只有十几米，死亡严重威胁着那个人。

　　吴运铎问老李还差多少时间爆炸，老李说还差 90 秒! 吴运铎心急如焚，就在这千钧一发的时刻，吴运铎飞身向那人影冲去。当他冲上堤岸时，同志们都高喊，让吴运铎赶快趴下，要爆炸啦！在同志们的喊声中，吴运铎奋力冲向那人，用力把那人推倒在地，一同滚下堤岸。就在他俩倒下时，地雷准时爆炸了。爆炸的弹片撕裂长空，发出尖利的呼啸，射向四面八方。泥沙土块如暴雨般落下，顿

△ "中国的保尔"吴运铎雕像

时尘土弥漫，黑雾茫茫，什么都看不清了。

原来，吴运铎救起的，竟然是娘俩。她们母子串亲戚回家，抄的是近路，警卫战士没有发现，所以才出现了这样的意外。

试验成功了，但同志们都埋怨吴运铎，自己腿脚本来就不好，还要去救人。但吴运铎想：为了拯救多难的祖国，为人民的解放，即使像许多先烈那样献出宝贵的生命，也是完全应该和光荣的。

补锅匠的启示

★★★★★

（25岁）

制造引信又出现了难题。铜是制造炮弹和地雷引信的必需材料。如果能有一副铜模，把溶化的铜水浇入模型里，倒出来，再进行加工，就是成品了。这样，既省时，也可以节约材料。

对于铜模，吴运铎试验了多次，均告失败。

何区长听说了这个情况，提示吴运铎："补锅匠的'坩埚'是怎么造出来的？"何区长的提醒，使吴运铎茅塞顿开，他把补锅匠请到车间来。补锅匠认为问题出在"坩埚"的材料上。补锅匠带着管材料的同志买来一种灰色硬得像石块的黏土，他不用焦炭粉，而是在炭渣中找了些没有烧尽的炭块，再把黏土和炭块捣碎，动手造了一个坩埚。补锅匠用木柴和树枝，将坩埚慢慢地烤干。用补锅匠造的坩埚，化开了铜水，注入钢模，终于成功地压铸成一个个引信体。

吴运铎和军工们学会了补锅师傅的手艺，保证了压铸车间按新方法顺利生产引信，使炮弹和地雷成批生产，有力地支援了前方。

吴运铎从此开始注重民间技术的力量。

迎接抗战的胜利

(1943—1945)

枪榴弹的诞生

★★★★★

（26—27岁）

去延安学习使自己拥有更多的科学知识，更好地为抗日战争不断取得新的胜利作出贡献，一直是吴运铎梦寐以求的。虽然在这方面吴运铎已经取得了一定的成绩，但是，他始终认为，自己知道的东西太少了，不断地学习，不断地获得新的知识，才是他不断努力的目标。同时，他还觉得，自己在政治上也需要学习，因为他还不够成熟。因此，他向组织提出了要去延安学习的要求，这一要求很快就得到了批准。然而，就在他将去延安的准备都做好了的时候，刚刚从前线回来的罗炳辉师长寄希望于吴运铎，希望他能够研制出新的、更好的武器，那种能够将敌人的骨头敲碎的武器。于是，他放弃了去延安的机会，回到了兵工厂，开始琢磨起这种新式武器。

当吴运铎为研制新式武器而辗转反侧的时候，无意间他在一本破旧的杂志上发现了一篇只有二三百字的短文，介绍的是法国布朗德的枪榴弹。顿时，他从床上坐了起来，拨亮昏暗的油灯，对这篇短文反反复复地阅读，然后字斟句酌地思索起来。其实，这篇短文讲的只是枪榴弹如何厉害，几乎没有任何知识性方面的介绍。不过，这篇文章使吴运铎了解了所谓的枪榴弹，就是利用步枪发射一个小型的炮弹，它是用钢片制成的小炮弹。就是在这篇短文的指导下，吴运铎凭借自己现有的知识和经验，展开了丰富的想象，一遍又一遍地画着草图，一次又一次地调动自己的想象力，终于将枪榴弹的雏形勾勒出来了。

枪榴弹的构造原理是：在步枪口部装上一个小炮筒，炮筒里装一发小炮弹；在步枪的枪膛里推进一发没有弹头的子弹。扣动扳机之后，子弹壳里的火药燃烧产生的高温、高压气体，可通过枪管炮筒里的小炮弹射出杀伤敌人。他为这个既可安装又可取下的小炮筒取名为枪榴筒，炮筒里的小炮弹取名为枪榴弹。

经过征求大家的意见，吴运铎对枪榴弹的设计反复做了多次修改，在此期间，他废寝忘食，忘记了换衣服。警卫员一再催他吃饭，他才不得不狼吞虎咽吃一口。装配车间的女同志和那些家属大嫂，都催着他换衣服帮他洗。

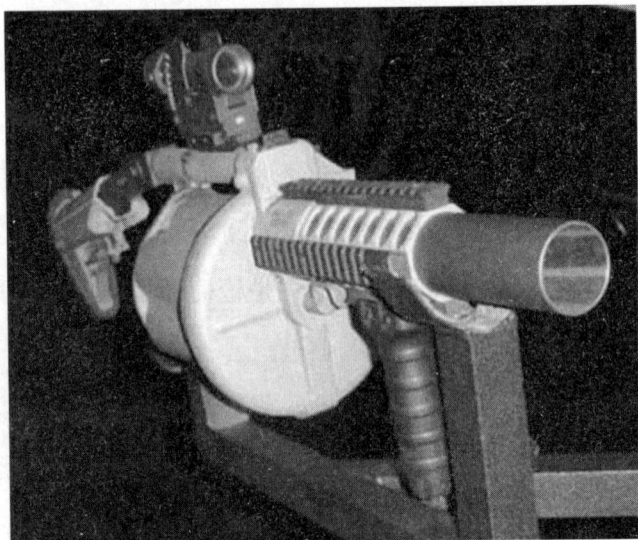

△ 枪榴弹

又过了十多天，吴运铎把图纸交给车间加工，自己也去车间里和大家白天黑夜一起赶制枪榴弹筒和枪榴弹。半个月后，第一批枪榴筒和第一支枪榴弹造成了。经过靶场试验后，这颗枪榴弹的射程只有 30 米。

吴运铎又经过反复的修改和试验，十多天过去了，吴运铎的脸上终于露出了笑容。他认为可以再试一试了。

试验结果，虽然射程为 220 米，吴运铎仍旧感到它与射程为 500 米的设计要求相差很远。

为了提高枪榴弹的射程，吴运铎简直似着了魔一般，饭吃不好，觉也睡不安稳，睡梦中，总是想着提高射程的问题。偏偏在这个时候，吴运铎又受伤了。他拿去试验的枪榴弹在枪榴筒内爆炸了，强大的冲击波，将吴运铎推倒在三步之外，摔在地上。他受伤的左手，因靠爆炸点较近，被爆炸波冲击得肿了起来，从手心一直肿到胳膊。

这些伤痛并没有阻挡住吴运铎继续研制的步伐。又是一个不眠之夜，吴运铎想：枪榴弹的发射火药必须提高燃烧速度，过去多次试验没有达到预定的射程和这回弹筒爆炸，毛病会不会出在无烟火药上？想到这里，吴运铎的眼睛亮了。半夜里，他把助手老马叫了起来，他俩急忙来到装配车间，把油灯点亮，开始配制新火药，准备再次试验。

这次试验，枪榴弹的射程是 540 米。吴运铎高兴地唱起了小调。正式试射，师长、政委、参谋长都去了。一连打了十几发枪榴弹，个个都炸得很漂亮，靶场上响起了雷鸣般的掌声。

经过进一步改进，枪榴弹的射程达到了 700 米。

吴运铎虽然已经担任军工科长，领导四个军工厂，但他最关心的还是枪榴弹的生产。他住在工厂里，设计并制造了加工枪榴弹筒机器和几部制造枪榴弹的车床，又建立了一个生产枪榴弹工厂。

1943 年日寇入侵淮南根据地时，新四军的枪榴弹显示了威力，打死了八十多个鬼子。旅长成钧特意将从鬼子军官身上缴获的手枪赠给吴运铎，吴运铎也被评为功臣。

新四军有了枪榴弹，吓得敌人胆战心惊。

➡ 冒死拆掉炸弹引信

★★★★★

（27岁）

1944年秋天的一个深夜，美国出动战斗机，袭击日本占领区。吴运铎听到飞机从自己头上飞过的时候，他从屋子里走出来，见美国飞机向南飞去。过了不一会儿，他觉得大地在轻轻地震动。

第二天早上，吴运铎接到师参谋长打来的电话，得知美国人昨天晚上在我仪扬地区扔下八枚炸弹，到现在没有爆炸，那里的火药很多。

吴运铎带着三个同志急匆匆地赶到了现

场，区政府早已组织三四百人正在挖炸弹，还有驻军一个连在周围警卫。

吴运铎等人勘察完现场之后，他苦劝其他三个人离开现场，由他一人查看炸弹到底如何。

吴运铎拿着管子钳下到弹坑里，仔细观察。炸弹真大，一个人用两只手都抱不过来。看到这里，吴运铎很高兴，心想，这回可不错，这八枚炸弹，至少能挖出上千斤的炸药。不过，眼下的首要任务，是必须先排除炸弹爆炸的可能性，究竟该怎样迅速排除危险？当务之急，就是必须先拧下炸弹的引信。经过仔细观察，他发现信管的外壳有个钢套裂了一道缝，他用螺丝刀将裂缝撬大，这时他往里一看，发现这种炸弹的引信结构很复杂，里面跟钟表的构造差不多，有两根上弦的发条和一些传动齿轮，还有延期爆炸的装置。吴运铎看到这里，断定这是重型定时炸弹。

炸弹什么时候爆炸他无法知道。在这紧要关头，到底是拆卸还是回去研究后再说，吴运铎有些慌乱，也有些恐惧。

不过，此时吴运铎的慌乱，是一时不知从何下手，心里没有底。他怕因时间的延误，而引起爆炸，这样后果是不堪设想的。就在吴运铎刚要从弹坑上来的时候，一阵冷风拂面，他的脑子一下子清醒了许多。他开始责问自己：我这在干什么？是被这个"怪物"吓破胆了吗？是想临阵退缩吗？是不是怕死呀？生命，对于每一个人都只有一次，当然是无价之宝。但我是为工厂能够搞到炸药，继续生产消灭敌人的武器；我是为排除这些"怪物"，挽救人民的生命和财产而来的，即使牺牲了，又有什么值得遗憾的呢？今天，我有幸接受党交给的这样一个光荣任务，即便再把我的右手炸掉，右眼炸瞎，甚至把我从这里消灭掉，又有什么可怕呢？人生总有一死，就看你是否死得其所，看你是为谁而死……想到这里，吴运铎立刻镇定下来，无所畏惧，充满了必胜的信心。

吴运铎用管子钳的钳口紧紧咬住引信管，心想，炸或不炸，也许就在这瞬间。可能轰隆一声巨响，把我炸得粉身碎骨……他用力转动管子钳的手柄，信管的螺丝被拧动了。他放下管子钳，用手抱住弹尾上的信管旋转，最后使劲从炮弹里拔出了信管，却没有爆炸。接着，他又把弹尾的信管卸了下来。他抱着两个危险的信管，爬出弹坑，将随时可能爆炸的信管扔到离弹坑不远的水塘里。接着用同样的方法，在四个小时之内，他一鼓作气把另外七枚炸弹的十四个信管全部拔下来。

从这八枚炸弹中挖出一千多斤炸药，利用这些炸药生产了很多炮弹、地雷、枪榴弹、迫击炮弹等，有力地支援了抗日前线。

土法研制平射炮

（27-28 岁）

当初，上级命令吴运铎研制迫击炮弹，那是当时战场的实际需要，如今，上级又要他研制平射炮，这也是此时战场的实际需要。

蒋介石抽调所谓的精锐部队进攻解放区，利用碉堡战术，每向前推进一步，沿路就拆毁民房，筑起一个个碉堡和工事，直逼津浦路西地区。

1944 年 4 月，接受设计制造平射炮的任务之后，吴运铎在学习现有的书本知识和有效利用手头有限资料的基础上，根据制造迫击炮弹的经验，听取同志们的意见与建议之后，便投入到紧张的、不分昼夜的研究和设计工作之中。

搞平射炮的设计，吴运铎还是用老办法，

从制造大炮的原材料的实际出发，有针对性地解决设计问题。按理，制造大炮的材料应该是钢材，但是，他们兵工厂根本就没有现成的钢材。这时，吴运铎想，历史上不是也有用生铁做大炮的吗？我们也不妨用铁代替钢，反正也不准备用它一辈子，先把敌人的碉堡削平再说。

制造平射炮炮筒，吴运铎把制造枪榴弹剩下的许多铁棍派上了用场，估计造出几十门平射炮不成问题。只是这铁棍的口径不大。吴运铎想，这也不碍事，只要炮多，这个缺点是可以弥补的。

用铁棍做炮筒，难题随着出现了，炮筒里的来复线怎样刻呢？按照吴运铎的设计，钳工在钢模上忙着刻凸凹的斜线条，八匹马力的柴油发动机，拖着车间里的全部机床飞快地旋转。军工们累得满头大汗，越干越起劲儿。

军工们把炮筒竖在铁砧上，再把钢模插进炮筒口，四周注上润滑油。几个军工抡起大锤，把钢模打进炮筒。接着，把钢垫垫在钢模上面，继续往下打，所有的钢垫全打下去，那钢模被压挤着通过炮筒,从另一端钻了出来。再把筒子里的油污洗净，抬起炮筒对着灯光一照，里面的来复线又光又滑，跟吴运铎要求的标准一样。

在半个月里，吴运铎不分昼夜地赶着设计图样，左眼又红肿了。他虽然疲倦极了，但他却从不说歇一会儿。眼睛红肿得不行，他点上眼药水，扎上手帕，继续工作，几次晕倒在工作台上。

造炮弹没有钢材，就用铸铁来做。这时，吴运铎又回想起大炮的发展史，开始人们不也是用没有弹壳的炮弹吗？于是，他用绸子缝成火药包来代替铜壳，再用黄杨木做成炮轮，周围包上铁箍；把小铁轨锯断，用螺丝钉将其连接起来做成炮架。这样，大炮的设计算是初步完成了。

　　图纸刚送到炮厂，吴运铎一阵眩晕，瘫倒在工作台上。医生给他吃了药，并上了眼药，大家扶他躺下。第二天，他仍是那样生龙活虎地跑到炮厂去忙碌……

　　经过反复试验和不断改进，制造了铁模代

△ 自制平射炮

替翻砂嵌装弹带，又用铁模子铸造引信的毛坯，减少了材料的消耗，提高了产品的数量。

到了秋天，他们一共造出了36门平射炮和大批炮弹。

平射炮在进攻占鸡岗日伪军据点时第一次发挥了作用。守敌团长蒙佩琼叫嚷道："新四军! 你们没有炮打什么仗? 赶快回去吧! 瞧我的钢炮……"敌军以为碉堡坚固，凭险据守，非常猖狂。敌团长的叫嚷话音还没落地，轰的一声，第一颗炮弹钻进了碉堡。蒙佩琼又叫嚷道："他们只有一门平射炮，总共就三发炮弹，再打两发就完了!"

这时36门平射炮集中在一起对准敌人的全部碉堡一连发射了200发炮弹。疾风暴雨般的炮弹从四面钻进了碉堡，沙石尘土弥漫半边天，眼看着那高大的碉堡一个个坍塌。敌伪军被震慑了，那位叫嚷最厉害的敌团长蒙佩琼也被俘虏了。

"三国造"精神熠熠生辉

(1946-1947)

→ 两段佳话

（29 岁）

1946 年夏天，在国共谈判的紧要关头，军工部长孙象涵把吴运铎介绍给苏皖边区实验剧团的沙惟同志。

沙惟见孙象涵有支钢笔很独特，很喜欢。孙象涵告诉他："这支笔叫'三国造'，是'一只手将军'吴运铎的杰作，也是吴运铎送给我的纪念品。美国的派克笔尖，日本的笔帽，中国的笔杆。"听了孙部长的介绍，沙惟将笔拿在手里仔细地端详，觉得这支"三国造"很有创意，外观精巧，做工考究。沙惟向孙部长要"三国造"留作纪念，孙部长向沙惟提出了要求：只要你能到吴运铎的兵工厂体验生活，写出好的文艺节目，那支"三国造"，是可以送给你的。后来，沙惟终于有机会见到吴运铎。沙惟问吴运铎：你的左手是怎么被炸掉的？你这"一只手将军"的称谓是怎么得来的？吴运铎对沙惟提出的问题闭口不谈，而把话题巧妙地转移到孙部长身上，吴运铎说孙部长是有名的"修鞋匠"，行军打仗每到一地，他为部队和驻地老乡修理电筒、手摇唱机、驴车轱辘、破马鞍子……经过一段时间的相处，后来的话题虽然转向了，而吴运铎谈的是军工厂里的好人好事。当然，军工厂里的好人好事实在很多。沙惟只好采取迂回的策略，在吴运铎不经意间，沙惟终于记录下了吴运铎的两段佳话。当然，这些佳话，都与文艺节目有关。

沙惟与吴运铎接触的时间稍长了一点儿，有了新的发现。吴运铎在与沙惟谈话的时候，如果沙惟问他业余生活的时候，吴运铎似乎就很有话说。于是，沙惟就从此入手，得到了一点值得记述的素材。

吴运铎在看《一个打十个》的话剧演出时，发现剧团用鞭炮来代替真枪真炮的效果形象、逼真。于是，他想到，这个做法既经济又实用，假如将这种做法拿到战场上去，以假乱真迷惑敌人，又能怎么样呢？机会终于来了，新四军攻打敌军营垒两天两夜，在淮北一个敌伪据点缴获了几口袋鞭炮，当场就要点燃借以庆祝取得的胜利，却被吴运铎给阻止了。他找来几个大铁筒，让战士们把鞭炮放在铁筒里边点燃。好家伙，在百米之外听起来就好像两军交战的沙场上传来密集的枪炮声。吴运铎喜上眉梢，高兴极了！在以后敌我包围和反包围的拉锯战中，曾多次拿出这一绝招来恫吓、迷惑敌人，被战士们传为佳话。

吴运铎在修械所工作的时候，他参加业余剧团演出《放下你的鞭子》，感动了台下的观众，以至于有些观众情绪激昂，一散场就有几个青年要求参加新四军。吴运铎告诉那些要求参军的青年，他们是搞军工的。而青年们说，只要能打鬼子，干什么都成。于是，有的青年就当了军工。他们工作肯于吃苦，爱憎分明，立场坚定，从没有人开小差。可是，过了一段时间，条件变了，环境好了一些，却出现了意想不到的情况，在消灭反共五十七军，打了几次胜仗之后，有的人就起了私心，把缴获的金条、金表以及首饰之类的东西藏了起

◁ 进步的文艺
团体到农村演
出抗战话剧《放
下你的鞭子》

来，或是带着赃物逃走。行军中，吴运铎见大家走得挺累，就唱起了"流亡三部曲"。他刚唱完，就听到有人哭泣。吴运铎过去一看，是当初看他演完《放下你的鞭子》后参军的一个青年军工，正坐在拉枪弹的驴车上呜咽。吴运铎关切地问他为什么哭，那个青年随手递给吴运铎一个金元宝，然后愧疚地对吴运铎说："吴厂长，都是它造的孽。自从身上藏了它，我好几夜都睡不着觉，要不是听吴厂长唱这支歌，我今天晚上还真的就开小差了。"后来，这个青年逐渐提高了阶级觉悟，进步很快，在一次执行引爆任务中，不幸光荣牺牲了。

→ 战略转移中

★★★★★
（30岁）

抗日战争胜利后的一天夜里，吴运铎接

到上级的紧急命令，要他负责把所有兵工厂连夜向北转移，并要在战争中继续生产弹药，供应战斗需要。于是，吴运铎按照上级的命令，把各工厂编成了战斗大队，军工们扛着步枪，挂好手榴弹；拆下机器，把材料装了箱子。好几百农民带着杠子、绳索来帮助搬运。军工们扛着机器，带着生产工具打游击，历尽艰辛。

吴运铎带着军工们整整忙了一夜，也整整赶了一夜的路，当天色微明的时候，他们撤到南山河附近的一个村庄的树林里隐蔽，这里离前线只有40里。吴运铎既要照料军工部撤退，又要负责兵工厂的撤退。责任重大，不允许他有任何懈怠，工作紧张，即便坐下来也不能休息，事情多，他连打盹的瞬间都没有。当吴运铎看到正在休息的军工们抱着枪，倒在树根下、草堆旁睡着了，他的困意也突然袭来，但他不敢像战友们那样，因为敌人随时都可能追上来。他命令军工们把步枪和手榴弹挂在树枝上，利用战斗的间隙，制造炮弹。一部分军工担任警戒，爬到树上监视敌机。另一部分军工把天轴抬进村子，在一所茅屋梁柱上架起来。各小组长带领组员们忙着安置旋床、老虎钳，筑起锻铁炉，架上柴油机，不到吃午饭的时间，工厂的机器就全部旋转起来，开始制造炮弹了。

敌人的疯狂进攻，迫使吴运铎不得不利用晚上撤退。吴运铎命令各队负责人，集中暂时不用的机器、工具和材料，连同军工家属、小孩和病号，先渡过大河。随后，他又骑马跑去通知军工部材料科，带上所有的材料、工具，准备渡河。

千难万险，也难不倒新四军战士；千辛万苦，也不能阻止军工们在撤退的途中利用有效时间制造炮弹。

在吴运铎的带领下，军工们终于渡过了大河，向西北行进，再向北行进。军工们离开根据地时，还是炎热的夏天，当他们到达沂蒙山区的时候，已经是漫天飞雪。吴运铎和军工们在河滩上一个

△ 张云逸将军

背靠悬崖的村庄安了家，在茅草屋里架起天轴，继续制造炮弹。

吴运铎带领的军工们与山东军工合并为华东军区军工处，吴运铎担任军工处的副处长，吴屏周为政委。刚刚合并，吴运铎就在新岗位上努力工作，事事带头，很快就把大家团结起来，作出了成绩，受到军工们的称赞。吴运铎与军械处机关的技术人员密切配合，充分发挥每个人的聪明才智，仅两个多月，就生产四五万发炮弹，有力地支援了前方的战斗。

长途转移和行军途中，吴运铎经常头晕，受伤的左眼总是红肿不退，流着黏水，不想吃饭，夜夜失眠，有时会突然晕倒。当张云逸司令员问他厂子如何时，他舒展开紧蹙的眉头微笑着回答：厂子都建立起来了，继续生产了！张云逸司令员又对吴运铎说：你到东北去。东北那边有很多外国医生，你去把眼睛治好吧！

张云逸司令员的话虽不多，但饱含着对吴运铎浓浓的关怀。

迎接新的曙光

(1947—1949)

→ 舍生忘死

★★★★★

（30岁）

1947年初春，由组织安排，吴运铎到大连休养，治疗眼病。组织上给吴运铎找了许多医生诊治，会诊结果是：眼睛红肿流黏水，是因为左眼里留有弹片，在当时的医疗条件下，是无法取出来的。唯一的办法是静养，多休息。

吴运铎休养的环境很好，又正赶上是春天，在这大好的春天里，他不能工作，对于他来讲，是非常遗憾的事情。夜里，他睡不着，他想着，如果医治无效，还是赶紧回工厂去的好！其实，每时每刻,他都在惦念着同志们，想着战局的发展与变化。而自己在这里已经一个多月了，他不想再这样继续下去了。于是，他向组织提出了恢复工作的请求。

継往開来

为五二三厂全体青年同志题

吴运铎

八四年七月九日
于大连五二三厂

△ 吴运铎为五二三厂青年题词

　　解放战争已经发展为大规模的攻坚战和阵地战了，如果没有大量的炮弹，就不能保证战斗的胜利。当地党组织得到指示，争取在较短的时间内，建立大规模的炮弹厂，支援伟大的人民解放战争。7月，组织决定把吴运铎留下来建立新的兵工厂，他被任命为大连建新工业公司工程部副部长，主要负责建立引信厂，兼任厂长和党委书记。

　　接受新的工作任务之后，吴运铎便废寝忘食地工作起来。他依旧是不分昼夜地忙。在炮弹的试验生产中，在大家的共同努力下，技术问题一个个被解决了，而炮弹钢的热处理问题，只有进行炮弹爆炸试验，检查破片的情况才能决定。

于是，吴运铎和炮弹厂厂长吴屏周一起搞炮弹爆炸试验。前几颗炮弹，除了一颗是废弹之外，其余几颗都爆炸得不错，可到了第七颗，吴运铎拉动绳子，炮弹却没有爆炸。他怀疑绳子某一处被拉断了，实际上没有断，绳头牢牢地拴在钢丝的横梢上，但炮弹却没响。按照惯例，在这种时候，只有抽烟等待。不过，吴运铎的脑子快要炸开了，他说道：难道又是信管的毛病？话一出口，吴屏周摇头说："不一定。"忽然，吴屏周扔了烟头，向炮弹跑去。吴运铎抬头的工夫，吴屏周已经上了土坡，他也急忙丢掉香烟，追了上去。吴运铎边跑边喊，不让吴屏周动手。可是，吴运铎听到的却是："这回该我的了，你别来！"他俩同时到达埋炮弹的地方。炮弹就在他们两个人的中间。可是，万万没有想到，吴运铎的两条腿刚往下弯，这颗炮弹突然像山崩地裂似的爆炸了。等在山坡外的同志们，在巨大的爆炸声后，听见有人喊叫，有两个同志连忙跑过来。

"同志们！快把吴厂长送到医院去。快点！快点！"吴运铎声嘶力竭地喊着。那两个同志跑到吴屏周的面前，蹲了下去，不一会儿，又慢慢地站了起来，摘下帽子，默立着，吴屏周牺牲了。

失去战友的哀痛，使吴运铎忘掉了自身肉体的痛苦，他的眼泪如泉水般地涌了出来，泪水和着脸上的鲜血，很快流满了面颊。

这一次，吴运铎伤得很厉害，全身都是伤，在做手术的时候，没有办法进行局部麻醉。医生无奈，只好不用麻醉药，把他按在手术台上，用刀、用钳子硬取下他身上的弹片，疼痛使吴运铎昏死过去。

其实，吴运铎做炮弹爆炸试验的思路是完全正确的，但因发生意外，未能得到肯定的结果。后来，经其他同志改用电发火引爆的方法，完成了炮弹静止爆炸试验，得到了明确的答案。

⊙→ 双目失明该怎么办

★★★★★

（30岁）

吴运铎从昏死中醒来，见妻子陆平正在他的床头哭泣，双眼红肿。他劝慰妻子道：

"你哭什么，轻伤不下火线，重伤不哭，这是我们革命队伍的优良传统！"听了丈夫的话，妻子哭得更厉害了。

此时的吴运铎，已经昏迷一个星期了。同志们都以为他十有八九是完了，所以，在工厂后山顶上用钢筋水泥做了两个大坟墓，买了两口棺材。在吴屏周厂长的坟墓旁也给吴运铎留了一个坟墓。

在这样的情形下，作为妻子，怎么能不为丈夫的生死担忧呢？

吴运铎的右腿下半截全被炸烂了，手指那么粗的青筋也炸断了，有两三寸长一段吊在伤口外面；左手腕被弹皮截断了骨头；右眼又进进去一小粒碎片，脸上、身上尽是芝麻大的窟窿。医生在他右腿的伤口上，一连塞进去几大卷纱布。换药延续了一个多钟头。

吴运铎觉得胸部一阵阵的痛。妻子忙掀开棉被，解开他的衣服，发现左胸突起一块茶碗口大的紫黑色的伤痕。原来，是一块弹片，正巧被左边上衣口袋里的怀表挡住了。怀表里的机件被打得粉碎，只剩下击扁的外壳。如果没有这只怀表，那一切就全完了。

吴运铎端详着这块保住自己性命的怀表，对妻子说：

"死神与我无缘，革命尚未成功，还不到见马克思的时候！"其实，吴运铎说这话，无非是在宽慰妻子。而妻子是最了解丈夫的，妻子想，如果自己的丈夫是那种怕死鬼，也就不会弄到如今这样的地步了。

吴运铎的左手腕和右腿都被夹板固定着，头部、腹部一直到脚尖全被纱布缠满，就像被铁钉揳在床上似的，一动也不能动。吴运铎知道，如今，自己的伤势是很严重。但是，他相信，死亡与自己无缘。他明白，自己在医护人员的帮助下，会再一次战胜死亡的。也就是在这个时候，他想起了《钢铁是怎样炼成的》的那本书里

△《钢铁是怎样炼成的》书影

的保尔·柯察金说的话：

"人最宝贵的东西是生命，生命属于我们只有一次。一个人的生命是应该这样度过的：当他回首往事的时候，不应虚度年华而悔恨，也不因碌碌无为而羞耻。这样，在临终时候，他就能够说：'我整个的生命和全部的精力，都已献给世界上最壮丽的事业——为人类的解放而斗争！'"是的，正如他常说的那样："一个人的生命是短暂的，而我们的事业却无限长久。个人总会遇到许多不幸、许多痛苦，但是只要我的劳动融合在集体的胜利里，那幸福也就有我一份。"吴运铎发誓："只要我活着一天，我一定为党为人民工作一天。"

吴运铎躺不住了，他总觉得自己为革命、为人民没有尽到责任。为了迫使自己静下心来，他强迫自己不想心事，可是他做不到。他的精神稍微好了一些，脑子里就立刻浮现出工厂、前线那些紧张、激烈以及战斗的场面。他的心早已飞出病房，飞到了工厂，飞到了车间，飞到了飞速旋转的机器旁。当他知道，自己的右腿的筋被炸断并已经被割掉了，现在只剩下一根骨头连接着脚和腿，腿骨缺了一寸多，短时间内是长不好的。他还听医生说，如果把腿锯掉，一星期就可以出院了。他曾想让医生把伤腿锯掉，装上一支假腿，回去马上可以工作。但是，妻子不同意这样做，她严肃地对吴运铎说：

"最简单的方法，不一定是最好的办法。腿能锯掉，眼也能挖掉，对个人来说，顶多有些不方便。可是今后怎么工作呢？

快别胡思乱想了!"

　　吴运铎想到妻子的劝慰,也是为自己、为自己今后的工作着想。于是,他放弃了坚持锯掉右腿的念头。

　　吴运铎总是想着自己能做一点力所能及的事情。经过他的再三请求,医生们总算同意了,大家把他扶起来坐在床上,背后垫上两双棉被,又给他找来一块方木板,摆好纸,他用缠满绷带的左手和夹板按着纸张,右手慢慢地写文章。第一天,他写了2000字,心里充满了愉快。一连三天,他连写带绘图,完成了关于"引信"的文章。对吴运铎的文章,总厂非常重视,文章前边加了按语,油印成小册子。

　　工作着是愉快的,吴运铎总是如此。不过,此时他仍旧浑身疼痛,并且又咳嗽起来。经过检查,吴运铎的肺部正常,只是脑壳和两腿内有些碎弹片。医生坦率地告诉他:

　　"你的左眼失明,是弹片崩的;你的右眼里也有一小粒碎片。"听到这里,吴运铎急切地问一声:

　　"我的右眼很快要瞎了吗?"

　　医生难以回答,只能用"很难说"三个字回答。

△吴运铎

眼睛又能怎么样呢? 他想起了保尔两只眼睛瞎了之后, 曾经说过那样振奋人心的话:

"瞎吧! 瞎吧! 只要能够给我一点维持生命的东西, 或者是一叶肺, 或者是一个心脏, 我还要继续顽强地战斗下去。"

吴运铎想到这里, 暗下决心, 如果眼睛瞎了, 就到农村去, 做一个盲人宣传员, 做一个歌唱宣传员, 那得学会一种乐器。于是, 吴运铎与妻子商量, 让她买了一个胡琴, 他用左手仅剩下的多半个大拇指, 在弦上滑动, 学习拉胡琴。

左手腕的骨头已经接好了, 透过 X 光片可以看见折断的地方四周长出了一圈新骨头。右腿骨仍旧有一寸来长的空间，新骨头一点也没长，他发愁了。医生用石膏绷带，把他从脚趾到大腿全裹上，把伤口部分的石膏绷带挖了一个大洞，每天照样换药。为了使他早日康复，医院特别照顾他，饮食做了科学的安排，多吃含有钙质的食物，鸡蛋、牛骨髓、虾、海带。不过，要让这一寸长的骨头重新长起来，至少还要几个月。

→ 学习工作两不误

★★★★★

（30岁）

住院的生活是漫长的，也是枯燥的。为了不至于耽误学习和工作，吴运铎觉得自己的日语不行，因为日文的技术资料他看不懂。组织上派来一位三十多岁的日本妇女教授他日语。这个女教师很有耐心，经过四个月的学习，吴运铎的日文水平大有长进，借助字典，可以阅读日文技术资料了。

吴运铎已经半年多没有下地走动，身体的各个关节逐渐丧失了机能。他的右腿伤口虽然没有长好，但他却要求下地练习走路。经医生同意，采取了循序渐进的锻炼方法，最初是在他的床头的栏杆上栓了一根粗绷带，用手拉着，天天练习。等他的腿伤完全长好了，他右手能拉着系在床头的绷带，坐起来了。接着，他又试着移动右腿，沉重的石膏腿像生了根一样，一动也不能动，但是左脚已经不知不觉落地了。妻子连忙给他两根拐杖，护理人员抬起他那沉重的石膏腿，轻轻地放在地上。他把拐杖支在腋下，离开躺了七个月的病床，站了起来。他在妻子和护理人员的帮助下，撑着双拐，左脚向前迈出了第一步，接着，就有了第二步、第三步……

当一个新的春天到来的时候，吴运铎离开医院，到风景区疗养去了。

在继续疗养期间，他又开始研制一种烈性炸药，以增强炮弹的杀伤力，为解放战争的胜利出力。

吴运铎对炸药的研究不多，许多有关炸药的理论，日文书里的说法不一，简单且凌乱，几乎没有规律。吴运铎耐心地学习，把简单与凌乱的说法，加以归拢与梳理，力图找到本质，以总结出规律性的东西。

经组织同意，他在疗养院搞了一个炸药实验室。他动手研究美式炸弹信管，搞炸药研究实验。

　　吴运铎谨慎地拆开信管，发现小小的信管，是由七十多个零件组成，装置很复杂。炸药被封得死死的，没法取出来。不能对炸药做化学分析，无法了解炸药的成分。于是，他用两块木板夹着雷管，卡在老虎钳口里，轻轻地用小刀一点一点地挖去雷管口上的金属封闭片。他刚瞧见白色的炸药，也就是在这个时候，雷管轰的一声响了，幸好老虎钳子挡住了破片的横飞，雷管破片向上冲起，把天花板穿了一个窟窿，老虎钳的

△ 大连兵工厂的工人

钢口也崩掉了一块，好在吴运铎没有受伤。

他继续着，终于冒着生命危险，将炸药取了出来。

当秋天到来的时候，吴运铎的信管设计图样全部完成了。这时，他也丢掉了拐杖，可以借助手杖走路了。只是腿上的筋断了，走起路来不灵活，走不快。

关于炸弹的引信，吴运铎有"引信本身具有能动性"的认识，这是他对引信特征的认识，可谓非同凡响。他的这种认识，对后来研制钟表定时引信与无线电近炸引信，有着深刻的启发意义与深远影响。只有小学文化程度的吴运铎，在理论思维与概括上的才能令人敬佩。

1948 年春天，吴运铎亲手拆卸、解剖了几个美国 M48 引信，精心测量、制图，根据我国当时的技术条件作了局部改进。在吴运铎主持下，1948 年冬天，研制出第一批样品，经过实弹射击试验，该引信的优越性得到了证实。

1949 年 1 月淮海战役结束，消灭国民党大量精锐部队。战场上动用大连兵工厂制造的二十多万发炮弹，对消灭敌人起了很大作用。粟裕将军在一次总结会上说：淮海战役的胜利离不开山东民工的小推车和大连兵工总厂制造的大炮弹。当然，这大炮弹不只是吴运铎个人的荣耀，它凝聚着大连兵工总厂万余名职工的心血和智慧！

⊙→ 当大学老师

★★★★★

（32 岁）

　　大连兵工总厂成立了一个学院，目的是培养科学技术人才。讲课的人都请来了，唯独机械系缺少一位机械制图的老师。总厂厂长跟吴运铎商量：

　　"老吴，你教书吧！"

　　"我小学还没上完，怎么能教大学生呢？"吴运铎反问总厂厂长，然后接着说道："别开玩笑了，这可不是咱们干的。"

　　总厂厂长步步紧逼，问吴运铎："照你说，该谁干呢？"

　　吴运铎仍旧继续他自己的思路："你知道，我是个工人……"

　　总厂厂长接过吴运铎的话茬说："还有重要的一点，你是共产党员。咱们学会了打仗，学会了造枪造炮，也得学会教书呀！"

吴运铎听了总厂厂长的话，很尴尬，他本来有千言万语，但一时却语塞。

吴运铎服从组织的安排，给大学生讲了半年课。在此期间，他每天去给学生们上课，讲台上摆好座位，他的脚下还放置了一个搁脚的软垫子。每天晚上，他在灯下阅读参考书，结合自己的经验，编写讲义。他的学识有了很大提高，弄懂了许多过去不明白的问题。他深有体会地说道：

"要当先生，得先当学生；要给学生一滴水，自己就得有十桶水。"

中国的"保尔"

(1949—1956)

→ 走近保尔

（32—33 岁）

1949 年 12 月，吴运铎赴苏联治疗。经苏联专家精心治疗，他的左眼复明。这是吴运铎人生当中的一件喜事。同时，他认识了保尔的妻子达雅，对保尔的英雄事迹，有了更加深刻的认识。

1950 年，吴运铎在苏联参加五一国际劳动节观礼后，还参观了奥斯特洛夫斯基博物馆，学习保尔的英雄事迹，获得无比强大的力量。他随翻译拜见了奥斯特洛夫斯基的爱人达雅。翻译向达雅介绍说："这位中国同志叫吴运铎，他在抗日战争和解放战争中像保尔一样多次地流过血，炸坏了左手，炸断了右脚，也炸瞎了左眼。我们的政府已经为他治好了眼睛。"

达雅听了翻译的介绍，亲自陪同吴运铎参观了奥斯特洛夫斯基的遗物。吴运铎在博物馆的纪念册上写道：

"保尔，你给了我们中国人民无穷的勇气和力量，使我们战胜了一切的困难和一切敌人。"

翻译将吴运铎的话，翻译给达雅，达雅紧紧握着吴运铎的手说：

"你一定要把你的斗争事迹都写下来，由我们东方语言学校译成俄文，把这东西挂在奥斯特洛夫斯基博物馆里，作为一个中国同志的永远纪念。"

达雅的话，无疑是对吴运铎很大的鼓舞。

在苏联的治疗，对于吴运铎来讲，是难得的，对于恢复他的健康，是有利的。同时，通过参观奥斯特洛夫斯基博物馆，与达雅的接触以及和达雅的谈话，使吴运铎对保尔的英雄事迹，有了更进一步的认识。在党的关怀和苏联人民的帮助下，吴运铎的视力恢复了，一如既往地在军工战线继续战斗，学习保尔，把保尔的精神发扬光大。

→ 听从党的召唤

★★★★★

（33岁）

　　1950 年 6 月，吴运铎回到了祖国。他等待着党组织对他工作新的安排。几天之后，吴运铎接到中央重工业部部长何长工的指示，让吴运铎去湖南株洲兵工厂当第一任厂长。何部长严肃地对吴运铎说：

　　"全国解放了，我们从国民党手中接管的兵工厂情况比较复杂，出现了暗杀、破坏等严重事件。现在，兵工厂急需恢复生产，把生产搞上去，把厂里的定型生产项目快确定下来。兵工厂的人很多，要把真正工人阶级队伍稳定下来，逐步提高和改善他们的生活状况。对坏人坏事要坚决地给予打击。当然，你去了主要是尽快抓好生产，宣传党的方针政策，团结一切可以团结的力量……"

株洲兵工厂的前身是老牌的汉阳兵工厂。在抗日战争爆发后，蒋介石命令其搬迁到重庆，结果因迁移工作极不顺利，直到前方已经打起来了，汉阳兵工厂才挪到湖南。解放后，被中南兵工局接管。

　　吴运铎来到株洲兵工厂之后，正如何长工部长说的那样，遭到了国民党的潜伏特务的恐吓，甚至要暗杀吴运铎等军管人员。敌人很嚣张，公然叫嚣："不要军管会领导，共产党领导不了兵工厂，要开大会辩论……"

　　吴运铎面对嚣张的敌人，立即召开了辩论大

△ 汉阳兵工厂

会，一伙人立即冲上讲台，不是搞什么辩论，而是制造反动言论，煽动群众，想把会场搅乱，以便酿成事端。

吴运铎眼见如此情形，马上从座位上跳起来，厉声吼道："今天，谁敢乱动，谁敢胡来，我就把他抓起来处置！"

那伙人见吴运铎态度强硬，立时静了下来。吴运铎继续说："谁要辩论，请上台发言！"

没有人敢上台。

吴运铎把语气缓和下来，说道："有些人，不是提出要召开辩论会吗？今天可以在会上公开亮明观点，错了也没有关系，不抓辫子！讲对的地方，军管会接受批评，改正错误。真理越辩越明嘛！这是好事。但是，我提醒大家，有人想借辩论搅混水，达到破坏生产，赶走军管会的野心，那是白日做梦！"

吴运铎见没有人上台辩论，就号召大家擦亮眼睛，提高觉悟，坚决跟着共产党走。对少数坏人要大胆揭露，不能让他们猖狂活动，坚决把他们消灭掉。真正的工人要好好工作，争取立功受奖。

后来，群众真正发动起来以后，一小撮作恶多端的坏人，很快就被群众揭发检举出来，受到了应有的惩处。

1951 年 9 月，吴运铎以全国劳动模范的身份，到北京参加了国庆观礼。毛泽东主席接见了他。周恩来总理和全国劳动模范代表一起干杯。10 月 5 日的《人民日报》发表了《钢铁是怎样炼成的——介绍中国的保尔·柯察金兵工功臣吴运铎》的报

▷ 吴运铎

道。

《人民日报》关于吴运铎的报道发表之后，在全国引起了极其强烈的反响，北京的机关、单位、学校、工厂、商店，都想请他去作报告，向他学习，向他致敬。

10月11日，吴运铎应全国总工会邀请，作了三个小时的报告。《工人日报》为他的精彩报告录了音。1951年10月26、27日两天，《工人日报》以老千为笔名，发表了题为《中国的保尔·柯察金——记中国兵工工人的旗帜吴运铎》，及时地宣传了吴运铎的革命英雄主义和革命乐观主义精神，多角度、全方位地传播了吴运铎的事迹。

吴运铎获得了很高的荣誉，受到了党和国家领导人的接见，媒体进行空前的舆论宣传，一时间，吴运铎成了众目睽睽的新闻人物。

→ 《把一切献给党》

★★★★☆

（35—39岁）

　　吴运铎以饱满的笔触，撰写了一部讴歌军工战士舍生忘死、艰苦奋斗、一切为了前线胜利的革命精神的不朽著作《把一切献给党》。经工人出版社编辑何家栋同志做了修改和加工，于1953年7月在北京首次出版。这本书出版不到一年，就再版了四次，印量达200万册。由于这本书的影响，全国各地的机关、军队、学校、工厂等都自动掀起学习吴运铎的高潮。有的学校组织了"吴运铎班"、"吴运铎小组"，还有"保尔"班等等。请吴运铎作报告的单位很多，吴运铎几乎到了应接不暇的程度。尤其是每天来自全国各地的信件，他处理不过来，组织上专门给他派了帮手，帮他处理各种信件。但是，有的信件，

把一切献给黨

吴運鐸著

他还是要自己亲笔回复的。

四川省乐至中学五年五班的同学，他们读过《把一切献给党》之后，受到了很大的鼓励和启发，学习的劲头大增。过去，全班 34 名同学，有半数同学考试成绩不及格，但读过这本书之后，全班考试平均分数达到 79.2 分，不及格人数降低到 5 人。他们为了进一步向吴运铎学习，写信给吴运铎，汇报他们的学习成果。吴运铎很高兴地给他们写了一封回信：

你们的来信已收到，感谢你们对我的关怀和信任……《把一切献给党》这本书，能给你们一些帮助，对我来说，也是极大的鼓舞和鞭策。我为人民做的工作太少，虽然曾经完成了某些任务，也是由于党的教导和集体劳动的结果。我所做的正是千百万共产党员所应该做的，但党和人民却给了我很大的荣誉。

五年来，亲眼看到我国人民在党和毛主席的领导下，用自己的劳动创造了这么多奇迹，而且正迈步走向社会主义社会。我真有说不出的喜悦。当然，在过渡到社会主义社会的大道上，并不是毫无阻碍，还需要我们加倍努力来战胜困难，用我们辛勤的劳动和顽强的学习来争取早日实现共产主义。

同学们，祖国的飞跃前进也激励着我们要不倦地学习。学习不是轻松的游戏，需要战胜一系列的困难，谁能经得起困难的磨炼，谁就能获得胜利。因此，我们必须树立起全心全意为人民服务的崇高思想，丢掉一切个人打算。……只有把人民的利益放在第一位，无条件地服从祖国需要的人，才有永不枯竭的精力来从事学习和工作，也才能获得最大的幸福。

吴运铎那种中国的"保尔"身残志坚的革命精神，产生的现实影响与历史意义，是无法估量的。改革开放以后，《把一切献给党》仅工人出版社印数达五百多万册。并且被翻译成英、俄、乌克兰、德、日、蒙古、朝鲜等文字。

吴运铎的革命经历，充分展现了中华民族那种强烈的民族精神和爱国意识，为世人树立了自力更生、自强不息、公而忘私的无私奉献精神和高尚的道德情操。《把一切献给党》这本书，是对青少年进行爱国主义教育的好教材。

"大跃进"中的吴运铎

(1957—1959)

→ 违背科学是炼不出钢的

★★★★★

（40岁）

1957年初，吴运铎担任内蒙古第二机械厂副厂长、总工程师。不久，他回到北京，担任一机部第一研究所（也就是现在的二〇二研究所）第一任所长。

吴运铎在二〇二研究所工作三年多的时间里，正是"大跃进"的"热浪""汹涌澎湃"与"滚滚向前"的时候。一时间，全国的亿万群众夜以继日地大炼钢铁，砸废锅，捡钢铁，到处都是小高炉，人们一门心思要炼出钢铁来。不但群众这样做，媒体对这方面的宣传，更是神乎其神，对持有不同政见的人大肆批判。本来，吴运铎意识到这种做法不实际，炼出真钢有困难，但他害怕自己右倾，也怀疑自己过于理性，把问题想错了，看错了。

　　由此，吴运铎积极向组织提出合理化建议，同时，想办法找一个科学的补救措施，以取代小土窑炼钢铁造成的损失。

　　于是，吴运铎和几个人研制了一个烧焦炭的炉子，用吹氧的办法来炼钢，其实效果也不理想。由于煤烟熏、高温炙烤，吴运铎的左眼角膜又犯病了，不停地流着眼泪，疼痛难忍，日夜不得安宁。经医生诊断，建议他再做一次缝补角膜手术。如果不及时治疗，后果是不堪设想的。卫生部决定让他再去莫斯科动一次手术。当时，他不想去，他正在为炼不出钢而着急。后来吴运铎自己的回忆说：

在大炼钢铁的特殊年代，群众盼早一天出铁水，炼出真正的钢。然而，自己作为国家一名科技人员，明明知道群众急于求成的做法不对头，违反科学规律，却又无能为力，无所作为，内心真是憋得慌，苦闷极了！在夜深人静的时候，曾扪心自责，以至于恨自己软弱，未能站出来公开亮明旗帜，指出如此土法炼钢是违背科学的，是炼不出钢的！但转念一想，在中国一流钢铁专家为数不少，他们没提出疑义，必有科学道理。我是个外行，是否孤陋寡闻？脑子里乱得一塌糊涂，真是剪不断，理还乱，别有一番滋味在心头，谁能知道我内心的苦涩！

吴运铎的剖白，既是自我反省，更是追悔莫及。其实他很明白，大凡过分的狂热，总会有不良的后果伴随着。

→ 科研精神

★★★★★

（41-42 岁）

　　1958 年 11 月，吴运铎所在的科研所成立了文工团。在文工团成立大会上，吴运铎讲了一番话，大意是这样的：

　　文艺生活是文化革命的一部分。文化娱乐生活搞好了，可以鼓舞我们的斗志，唤起我们的斗争精神。通过文化娱乐活动表扬好人好事，批评坏人坏事和不良现象。我们应该担负起这个光荣而重要的任务。这就要求我们的文化娱乐活动要反映我们的生活，反映我们的科研、生产。节目要自创、自编、自演。

　　吴运铎虽然始终觉得自己的文化程度低，但是，就上边这段话来看，层次清晰，思维缜密，逻辑性强。同时，语言朴实，言简意赅，观点鲜明，有针对性。透过这一细节，

101

"大跃进"中的吴运铎

我们不难想到，他有着作为一位领导干部必备的政治觉悟与科学文化素质。

在这次会议上，吴运铎还讲了如下一段话，既真心诚意，又掷地有声。他说：

"不管你们已经具备了什么样的文化程度，都要继续学习，增加新的知识，掌握科学本领。学习、提高技术对你们本人和国家都有好处。"

稍微仔细读来，就会觉得吴运铎的话，简直是至理名言。是的，学习应该是一辈子的事情，要活到老，学到老，追求知识到老。把掌握科学知识作为人生追求的一个重要组成部分，把学习搞好了，掌握了一定的本领，不但对个人的成长进步有好处，对国家也会有所贡献。

吴运铎以上一番话，似乎永远也不会过时。但是，在当时搞阶级斗争，强调知识分子要"又红又专"的敏感时期，吴运铎要知识分子钻研科学技术，努力学习知识，搞好工作的思想，是要担着政治风险的。

在吴运铎的鼓励和支持下，所里的青年人大胆钻研业务，有部分同志还利用周五的晚上去中国人民大学函授学习。这些年轻人就这样坚持了五年，完成了学业。后来，这些人都成了所里的业务骨干，工作上取得了成绩。

所里的同志们晚上加班，吴运铎拖着病体，常常住在所里，陪着大家一起加班。他见大家工作晚了，劝大家回去休息。他对大家说：

"搞科研就得有你们这种精神，要有紧迫感，要不怕苦，不怕累，只争朝夕，要有一股子钻劲，停顿一天，往往要拿出十天、百天的时间来偿还。"

吴运铎的话，不仅是在教育大家，也是与大家共勉。其实，他自己对工作何尝不是如此地忘我，何尝不是没日没夜与废寝忘食呢?

1959年3月，吴运铎给全所的同志作报告，讲的是向向秀丽学习的主题。

他讲向秀丽的模范事迹，不是就事论事，而是突出讲向秀丽舍生忘死的精神以及由此产生的深远影响。在他的讲话中，向大家提出了"人为什么活着，人活着要有远大的生活目的"的问题。

人为什么活着的问题，其实是人生永恒的主题，是需要人们不断地认识，又需要人们不断解决的问题。

吴运铎提出问题之后，做到了自问自答，他说：

"世界上总有这样一种人，为了别人的幸福，总是把自己的痛苦掩盖起来。像卓娅、舒拉、刘胡兰、保尔·柯察金、黄继光等，为了别人的幸福，勇于做出牺牲。他们都比我年纪小，说真的，他们都是我学习的榜样。"

吴运铎总是很谦虚，尤其是提到英雄人物的时候。他说：

"在战争年代，有多少人受了伤，还争着上前线。一个崇高的人，一个真正的人，他们哪怕是做一个清道夫，也会踏踏实实地为人民工作。"

他讲的是革命只有分工不同，而不存在高低贵贱之分。

他说："人，总是有自己的缺点，天生高贵品质的人是没有的。一个人只要有崇高的生活目的和生活理想，才会为人民作出崇高的事业。"

他讲的是人的高低贵贱，与人生目的与追求，有着直接的、密不可分的关系。

他说："我们共产党员的幸福，是把个人的劳动变成别人的幸福时，才会有自己的幸福。因为个人的幸福融合在集体的幸福之中。我们生活本来就是为人民谋幸福。不了解祖国痛苦的过去，很难体会到今天的幸福。"

他讲的是共产党员的幸福观。

他说："人的思想改造，首先要破，才能立。有破就有立。"

这个道理既浅显又深奥。所谓浅显，有"旧的不去，新的不来"为佐证。至于深奥，是"破"与"立"之间的关系。其实，往小说，它是生活中常见的现象，如旧东西、旧事物，总是守着，本来过时，却舍不得丢掉。其实，只有舍得丢弃，才会有新的

△ 向秀丽

变化。

吴运铎讲了一番大道理之后，在号召大家向向秀丽学习的过程中，提出要认真检查自己的思想、工作上的缺点和错误，丢掉缺点，发扬成绩，严格要求自己，愿大家都能成为一名光荣的共产党员。

吴运铎在所里大会上，提出了"安全生产文

化"。他的提法，一些人很不理解，认为这是"下里巴人"的提法，文化本来是高雅的，而安全生产与文化，怎么能够混在一起说？

吴运铎说：

"我们讲安全生产，确保质量，杜绝浪费，我总感到缺点儿什么，我们缺乏一种安全生产文化。"

这是他从原则上讲。具体说来，他这样强调：

"凡有危害国家资财的思想都要检查，把思想上的问题一定要检查清楚。"

他还谈到更具体的现象：

"设备仪器来了，我们不光要会操作它、使用它，还应该首先了解它的结构原理，懂得它的性能。""对设备仪器的结构原理性能不了解，你去操作它，就包含着一种损坏的因素在内。"

吴运铎这样解释安全生产与文化的关系，人们哪里还会有"下里巴人"与"阳春白雪"之间的矛盾甚或格格不入的认识呢？

固然，向秀丽是模范人物，人们都应该学习她那种舍生忘死的精神。而在学习英雄模范人物的同时，我们是不是应该很好地理解一下吴运铎那种对安全生产与文化之间关系的理论阐述的精辟见解呢？

晚霞尚满天

(1960—1991)

→ 第二次去苏联治疗眼疾

★★★★★

（43岁）

从 1960 年吴运铎第二次去苏联治疗眼疾，到 1991 年病逝，期间虽不曾有炮火硝烟的战争洗礼，却着实经历了政治斗争的严峻考验。

1960 年初夏，吴运铎的左眼实在疼痛难忍，第二次到苏联治疗眼疾。由于中苏两党之间产生了严重的政治分歧，导致两国关系破裂。在这种情形之下，吴运铎一踏上苏联的土地便遭到冷遇。

吴运铎想立即回国，被奥斯特洛夫斯基夫人达雅给拦住了。

达雅盛情接待了吴运铎，并为他准备了丰盛的晚餐。席间，达雅与吴运铎促膝交谈，达雅对吴运铎说：

"一种真正的深刻的爱情，带给人的愉悦与幸福感，别人是难以理解的。"她告诉吴运铎，她与奥斯特洛夫斯基订婚时，家里人是反对的，主要是因为奥斯特洛夫斯基身体不好。但她不顾家人百般阻挠，依然与奥斯特洛夫斯基结了婚，共建一次铭心刻骨、生死相依的爱情。达雅向吴运铎介绍了"保尔"生活中许多动人的事迹。

　　吴运铎在奥斯特洛夫斯基博物馆看到了馆内专门开设的"中国的保尔——吴运铎阅览室"。这里介绍吴运铎的事迹，悬挂着他的画像，陈列着吴运铎著的《把一切献给党》一书多种文字的译本。

　　达雅激动地对吴运铎说：

　　"你的著作《把一切献给党》已被译成俄文。你的斗争经历和'保尔'很相似。你们都是具有坚强意志、顽强毅力、为人民的事业而贡献出一切的布尔什维克。"

　　吴运铎说："保尔·柯察金永远是中国人民学习的榜样，他的英雄业绩，永远鼓舞着我们！"

　　达雅挽留吴运铎，要他不要急于回国。吴运铎留了下来。但是，当吴运铎到莫斯科一家大医院看眼睛时，受到了一位中年大夫的冷遇，吴运铎据理斥责了那位大夫，弄得那人张口结舌，无言以对。吴运铎转身离去。

　　回国后，吴运铎的左眼球被摘除，凭着一只右眼，他一直工作学习到生命的最后一刻。

→ "文革"前的六年

（44—49岁）

从1957年到1966年"文革"开始前，吴运铎一直主持无坐力炮、高射炮、迫击炮以及轻武器等多项重大课题研究，在取得成果的同时，为国家培养了一批中青年兵工专家，为我国的国防现代化和改善军队武器装备作出了贡献。

1960年初，外国有一项"无烟、无声、无焰"的炮弹专利权要卖给中国，要价40万美元。国家有关部门将此事交给吴运铎，让他定夺到底买还是不买。吴运铎认为，40万美元可不是个小数目，劳动者要付出多少劳动血汗才能换回来？难道我们自己就不能自力更生、群策群力研制出来吗？为什么要买外国军火商的？想到这里，吴运铎立即告诉秘书："不要买！"

事后，吴运铎对有关负责同志说：

"我们应该相信自己的力量，依靠自力更生、艰苦奋斗精神，完全可以研制这种东西。今天，有了一定的技术力量，有较多的技术资料和过去的经验教训，难道还搞不出来这个玩意儿吗？"

于是，吴运铎向党委请示要搞这个课题，党委批准了吴运铎的请求。"三无"炮弹课题的研制，

△ 无坐力炮弹

从设计图纸到进行实弹试验，仅仅用了 28 天时间。这样的工作效率，使同行们不得不佩服。

"三无"炮弹的诞生，是我国自力更生精神的产物，他展示了中华儿女超人的智慧和伟大的爱国主义情怀。

1960 年至 1962 年，正是历史上所说的"三年经济困难时期"。遇到困难，吴运铎总是要与自己的童年吃的苦比较，与战争年代比较。这样一比，眼前的困难，真的就算不得什么了。

1961 年，吴运铎应《中国青年》杂志社之约，画了一幅"青嫩可口"大白菜的画作。画面上是一棵素净淡雅的大白菜，白菜上边落着一个蝈蝈，旁边写着"青嫩可口"四个字。画作发表之后，同事们有说有笑地议论着，有人对吴运铎说："老吴，你又要我们大家跟你一起精神会餐呀！"

吴运铎一直认为，虽然物质一时匮乏，但总该讲点精神啊！

著名作家章靳以的女儿章洁思因患神经炎非常苦恼，吴运铎给她写信，鼓励她道：

生病是不幸的，但这区区的个人不幸，和我们的崇高事业比起来，又算得了什么呢？只要内心里燃起永不熄灭的火焰，他就能排除万难，勇往直前！

吴运铎的这番话，今人读来一定认为他在唱高调，可是，作为真正有理想、有抱负，把个人生活与伟大的革命事业紧紧联系在一起的"中国的保尔"吴运铎来讲，这种认识是真实的，是发自内心的，没有半点虚伪。

△ 1961年《中国青年》封面

　　吴运铎为自己的孩子办《家庭报》，以此教育孩子们健康成长。

　　吴运铎虽然工作忙，十天半月回家一趟，但是，他对孩子的教育，尤其是思想道德教育，历来抓得很紧。吴运铎将刊载《家庭报》的黑板挂在自家的走廊里，定期更换内容。

吴运铎采用《家庭报》的方式方法教育子女，有两个方面原因，一个是受战友老蔡细心教育孩子的启发，另一个是受董必武教育孩子故事的启示。

　　董必武大病初愈，家人为他准备了一桌可口的饭菜。他见孩子把饭粒掉到桌子上也不捡起来，便用"锄禾日当午"的唐诗教育孩子，他给孩子讲："粒粒皆辛苦，你们懂不懂？从耕到种，除草，施肥，灌溉，如果风调雨顺，没有灾害，春种才能秋收！"听了董必武的话，孩子们似乎懂得了农民劳作的辛苦，春种秋收的不易。

　　吴运铎感到战友老蔡和董老教育孩子的方式方法得当，从点滴入手，细致入微，潜移默化，久而久之，肯定会得到成效。于是，他买了一块小黑板，办起了《家庭报》。对于孩子们做的好事，或有好的表现，写成小故事，刊登在《家庭报》上，以资鼓励。孩子们周六晚上从学校回来，他便把孩子们召集到一起，让孩子们利用晚饭前的时间去读《家庭报》。孩子读了《家庭报》，受到了启发和教育。

　　后来，吴运铎的几个孩子都成长为社会主义的建设者。

⊙→ 十年浩劫的磨难

★★★★★

（49—60岁）

十年浩劫一开始，吴运铎因为请邓拓在两幅画上题过字，他所在的研究院造反派勒令他交代与"三家村"的黑关系。

1963年，吴运铎在北京市南口果园搞科研，大画家周怀民听说吴运铎也在南口，出于对吴运铎的景仰，欣然命笔，以一副葡萄画作赠给吴运铎以表达他对吴运铎的景仰之情。吴运铎对周怀民的作品爱不释手，请他在画作上题几个字。周怀民提议，最好是请邓拓题字。后来，吴运铎借此认识了邓拓，并请邓拓在周怀民的画作上题了毛主席的诗词《咏梅》。

当时，吴运铎认为，文化大革命，不过"革"的是"文化"的命，也就是清理一下文化圈内的事儿罢了。吴运铎按照自己的思路，写大字报来回答提出的问题，力图说明事情的原委。非但无济于事，反而引火烧身，愈演愈烈，因为某些人想要置他于死地而后快。接下来，别有用心的人胡说吴运铎认识邓拓本身就有罪，生拉硬扯，无中生有，无限上纲上线，罗织罪名，编造他是"三家村"的走卒，抄了吴运铎的家。

斗争的不断升级，吴运铎的"问题"也就越来越多，连他著的《把一切献给党》一书也成了他反党、成为牛鬼蛇神的"罪证"。

批斗会一个接着一个，而吴运铎面对这样的情形，没有退缩，更没有胆怯，而是勇敢地迎上前去，在一次批斗会上，吴运铎指着那伙人说：

"这到底是哪个阶级要整哪个阶级？你们是打手……"他还在日记里抄录了居里夫人的话：

我的最高的原则是：不论对任何困难，都决不屈服。

事实正是如此。在激烈的斗争中，他坚定地对那伙人的头头说：

"你们敢干，我就敢说！你们下得去手，我就开得了口！你们能写大字报，我也不是没长手！我要不停地写下去！即使丧失生命也不失风骨！"

1967 年，在一次批判大会之后，吴运铎终于感到愕然和震撼，他意识到，有人是借机整治他，企图置他于死地。于是，

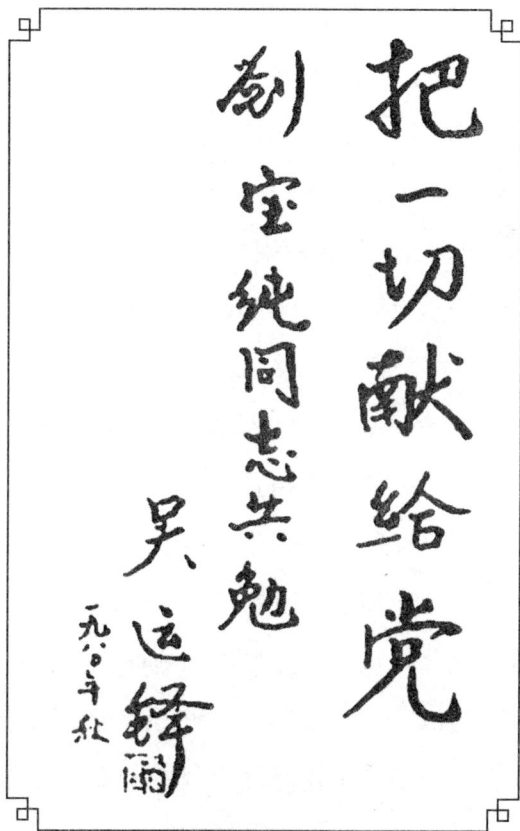

把一切献给党

剑宝纯同志共勉

吴运铎

一九八〇年秋

他挥笔作画，很快，一只张牙舞爪、横行霸道的螃蟹跃然纸上。他在画作的旁边，题了"看你横行到几时"的字。后来，还是在一次批判大会后，他一口气画了五张螃蟹图。还没等他的螃蟹图公之于众，整治吴运铎的斗争又"升级"了。先是冲他动武，接着是将他关了起来。

1969年冬天，吴运铎被送到河北省蔚县上公村。命令他看生产队的"草料场"。其实，他远没有《水浒传》中的林冲轻松，能雪夜沽酒，可以在山神庙里避风雪……从此，吴运铎只能每天喂牲口，要挑百八十斤重的饲料担子，常摔倒在路边，几次险些掉进冰窟窿。尽管吴运铎历尽艰难，却从来不低头，不屈服，也不要人照顾。

在所谓的改造过程中，他渐渐和群众建立了感情。老乡帮他补漏屋顶，姑娘们帮他生炉子；赤脚医生为他号脉、打针、煎药。一时间，吴运铎住的小屋子人来人往，很是热闹。此时，吴运铎似乎又回到了抗日根据地，又回到了炮火硝烟的解放战争年代，他更加深刻地认识到，人要是离开了土地就会死去，他吴运铎离开了人民群众就不能存活。于是，他重操老行当，不过不是修理或制枪造炮，而是在自己的小土屋里布置了一间小小的工作室，在劳动之余，为群众修修补补。队里的拖拉机坏了，粉碎机趴窝了，柴油机、电动机出了毛病，他马上跑去修理。老乡们心疼地安慰吴运铎："刚才你不是还在挨斗吗，休息一会儿再来。"吴运铎笑笑说："他斗他的，我干我的，不碍事！"这样一来，群众与吴运铎更亲近了。

"五七"干校叫吴运铎和几个老干部一起去种菜，而吴运铎只有一只手、一只眼睛，腿和胳膊都被炸断过，脚也负过伤，还有严重的哮喘病，能种得了菜吗？上公村老书记听说了这件事之后，立即找到"五七"干校的负责人，对他说："我们村里民兵有四支老枪打不响，以前找人修也没修好，我们想请吴老总——吴运铎给帮忙修一修，行不行？"

"五七"干校负责人将"皮球"踢到了军管会。军管会同意吴运铎先给村民兵修理枪支。

吴运铎来蔚县时，带来了两个大木箱，里面装满了老虎钳、台钻、各种锉刀、手电钻……这些工具中有不少还是当年在新四军时用过的，一直用到现在。有的虽然不能用了，但吴老情有独钟，舍不得丢掉。这回，这些工具派上了用场。

经过吴运铎的努力，四支老枪都修好了。

吴运铎从"五七"干校回北京没几天，炮兵司令员孔从洲听说他的部下在"支左"中，支持一部分人抄了吴运铎的家，把吴运铎整得很惨，非常气愤，他两次向吴运铎赔礼道歉。吴运铎问孔从洲："你们的军管会姓什么？"话

△ 孔从洲

一出口，吴运铎又后悔了，他意识到，自己的话不该这么说，话过于尖刻了，就又把话拉了回来，说："算了，算了，过去的事情就算了。"吴运铎认为，浩劫中自己挨整治，怪不得"军管会"，更怪不得孔司令员。自己不该当算账先生……

复出后到离休前

★★★★★

（61—64岁）

1978年，吴运铎从"五七"干校回到北京，与妻子陆平相逢，两人都百感交集流下了眼泪。当时，并未给吴运铎分配工作。他想，既然人民没宣布缴他的械，他就不能自动放下武器，他不能干等，眼看着祖国的兵器科研工作落后，他说过这样的话：

"人生不能留下空白，他们不允许我到研究院搞科研，我就在家自己干。"

说干就干，他在自己的卧室里摆开了战场：支起了制图板，买了丁字尺、制图仪等工具。床头有个工作台，有手摇钻、锉刀、虎钳和五金器件。他自己选了两个研制新武器项目，默默地干了起来。

每天，他的工作都很紧张，查资料，绘

图纸，制作模型，常常累得老眼昏花，手指僵硬麻木。他实在感到不舒服时，就踱踱步、伸伸胳膊、弯弯腰，放松一下。稍觉好些，他便又干了起来⋯⋯

他应山东军区来信之约，研制成功了一种新型安全碰炸手榴弹。

1978 年，党给吴运铎作了政治结论：

"在'文化大革命'中，立场坚定，坚持原则，一切罪名纯属政治陷害。"

吴运铎终于得到了平反，终于结束了对他的不公正待遇，他欣然命笔，画了一幅竹，并题郑板桥诗自勉：

> 衙斋卧听萧萧竹，疑是民间疾苦声。
>
> 些小吾曹州县吏，一枝一叶总关情。

平反之后，吴运铎担任了五机部科学院即常规武器研究院副院长、副总工程师及党委成员。复出伊始，工作繁忙，病魔也折磨着他。病情稍有好转，他便抓紧工作，为一项重要的科研项目的配套工程早日上马做积极的准备工作。

吴运铎始终坚持实践第一的原则，经常深入工厂、车间和试验场，亲自动手，与技术人员和工人一起研究产品的改进，使得技术成果迅速转化成产品，缩短了兵器产品的研制周期。仅 1980 年一年，吴运铎出差外省市有 12 次，元旦的晚上，他是在沈阳到北京的飞机上度过的。

粉碎"四人帮"之后，他精神焕发，拼命工作，他曾这样总结这一阶段的工作：

"虽工作无甚成绩，但确实也竭尽了全力。"

有一次，吴运铎在去南方某地出差，他上车之后，抓紧时间读《内弹道学》，读得入迷，连吃饭都忘记了。与吴运铎同一软卧厢里是两位教师，他们见他读《内弹道学》如此痴迷，便与吴运铎聊了起来。一直聊到火车到站，他们分手时彼此留下姓名、地址的时候，两位教师才知道与他们相伴一路的，竟然是大名鼎鼎的吴运铎！

尽管吴运铎腿脚不够灵便，但由于工作关系，他仍经常出差。在旅途中，他总是抓紧乘车、乘船、乘飞机以及等候的时间，认真读书，武装和完善自己。他读书的原则是：专业书为主，急用先读，缺啥读啥；什么都读，不能不读。

除了正常工作之外，吴运铎经常参加社会活动，为青少年学生作报告，讲学习的重要，讲树立正确的世界观、人生观、价值观的重要，讲祖国现代化建设事业的兴旺发达，讲国家今后的前途命运，对青少年的思想进步有一定的教育意义。

人生的最后九年

（65—74 岁）

吴运铎的社会活动很多，为媒体撰写有关文章，几乎是家常便饭，他往往也是有求必应。1980 年初，吴运铎应上海教育出版社的约稿，经过很长时间的思考，撰写了《和青少年谈道德修养》一书。这本书的内容，都是吴运铎参加革命斗争的亲身经历和亲眼所见的战友们在革命斗争中的动人事迹。这本书公开出版发行之后，受到了广大中小学教育工作者和青少年学生的欢迎、喜爱。该书被列为"中学生文库"，评为第二届全国中学生评书活动优秀奖。

1982 年 2 月，吴运铎向组织递交了离休申请。四个月后，他的申请得到了组织的批准。

从工作岗位上退下来的吴运铎，忙于两

件事，一是应媒体之约，为孩子们写文章，另一个是应邀到工厂、学校、部队作报告。四川一家出版社约他为孩子们写一本五万字的小书；安源煤矿大罢工 60 周年纪念日，请他回忆在安源儿童时代的生活；空军司令部、总后、军事科学院邀他去作"扫科盲"报告。

吴运铎的老伴觉得，老吴忙了大半生，从岗位上退下来，该好好休息休息了。可她哪里想到，离休后吴运铎几乎不在家，到全国各地开会、作报告，实际比在职的时候还要忙。老伴担心他的病体，而他却坚持"一个革命者应该时刻想到战

△ 1980年，吴运铎和少年儿童们在一起畅谈理想、学习和生活。

祖国的未来
人民的期待

吴运铎
一九八五年八月十八日

斗和胜利，而不是畏惧和死亡"。

吴运铎病重期间，一再向家人重申："后事从简，不开追悼会，不搞遗体告别，不保存骨灰。"

1991年5月2日上午，吴运铎接待了第三批来访者，并同他们合影留念。当天下午两点零五分，吴运铎因肺心病复发，抢救无效，停止了呼吸，享年74岁。

1991年5月18日，新华社发了"中国的保尔"吴运铎逝世的消息。

吴运铎，如高耸入云的青松，永远屹立在祖国的大地上。

后 记

为人类最壮丽的事业贡献一切

吴运铎，作为一个穷苦家庭出身的普通人，成长为一位在我国军工战线上卓有建树的人，其成长、进步的过程，给人们以深深的启示。

吴运铎虽然文化程度很低，仅读了五年书。但是，他以坚忍不拔的毅力，刻苦自学，从修理枪械开始，到后来制造枪炮，最后取得成绩。吴运铎身残志坚的革命精神，是值得我们永远学习和继承发扬光大的。

在研制枪弹的过程中，吴运铎失去了健康，变成了残疾人。但是，他身残志不残，身残志更坚，没有向肢体残缺的困难屈服，而是以更加坚强的革命意志，更加忘我的革命精神，为祖国的军工事业，作出一个个新的更大的贡献。

同时，他以自身的经历影响人们，使人们在他的身上，看到了一个自强不息、一个刻苦努力、一个不屈不挠的英雄战士的高尚的道德情操与坚强的革命意志。

在火热的生活中，在振兴中华、加快社会主义经济建设的伟大洪流中，学科学，用科学，自强不息，艰苦奋斗，既是现实的需要，也是民族的发展、祖国的进步不可或缺的。